戦争孤児たちの戦後史2

西日本編

平井美津子・本庄　豊　編

吉川弘文館

刊行のことば

二〇二〇年を「戦争孤児問題」研究元年に

二〇二〇年を「戦争孤児問題」研究元年として、この課題のとりくみが全国に広がることを願っています。そして、憲法を守ることを通して、再び子どもたちを戦場に送ることのない国であり続けたいという誓いの年にしたいと思います。

二〇一六年一一月に立ち上げた「戦争孤児たちの戦後史研究会」の三年数ヵ月の集団的研究の成果として『戦争孤児たちの戦後史』(全三巻)を刊行することになりました。研究会の代表運営委員が各巻を担当し、浅井春夫・川満彰編『第一巻　総論編』、平井美津子・本庄豊編『第二巻　西日本編』、浅井春夫・水野喜代志編『第三巻　東日本・満洲編』という内容構成です。

戦後、長い闇のなかにあった戦争孤児問題に、昨年から今年にかけて、いくつもの戦争孤児に関わる書籍が出版されてきました。本書はこれまでの戦争孤児研究の到達点と課題を整理し、今後の研究を展望する転換点にしたいと考えています。現在は戦争孤児の体験者の声を聴くことのできるギリギリの時期となっています。全国各地で陽の目をみることを待っている戦争孤児関係の史資料を発掘し、聴き取り調査などのとりくみを通して、戦争孤児問題の研究が本格的に展開されることをめざしています。

「戦争孤児たちの戦後史研究会」について

私たちの研究会の名称は、「戦争孤児たちの戦後史研究会」としています。

一般的に使われることの多い「戦災孤児」ではなく、「戦争孤児」としました。各種の辞典によれば、戦災は「戦争による災害」の略語です。その点では戦争と被害の関係を明確に意識することを避け、戦争の人為性をあいまいにしている用語です。それに対して「戦争孤児」は、戦争政策による犠牲者であるという本質を表す用語として使っています。

もう一つ重要なのは、「戦後史」という観点です。戦争孤児としての人生の局面は、浮浪児状態や施設入居期間という点では一定の期間ですが、その状況から脱出したとしても戦後の社会を生きる困難は筆舌に尽くせない経験をした人たちが多いのです。そうした現実を意識しながら、敗戦直後の数年間に焦点をあてながらも、戦後史という視点を大切にして戦争孤児問題を考えています。

これまで各地の研究者や地元の団体と協同して、東京（創立総会、立教大学）、京都（テーマ＝「『駅の子』と伏見寮」、会場＝大善院《だいぜんいん》）、広島（「広島の戦争孤児と戦災児育成所」、皆賀沖《みながおき》会館〈元広島戦災児育成所跡〉）、愛媛（「戦争孤児と施設養護」、男女共同参画推進センター）、長崎（「原爆孤児と被ばく福祉」、恵みの丘原爆ホームなど）、沖縄（「戦争孤児になる瞬間と孤児の現在」、沖縄大学）、東京（「東京大空襲と戦争孤児」、東京大空襲・戦災資料センター）、京都（「海を渡った孤児院」、一燈園《いっとうえん》）で、八回の全国を巡回する研究会を開催してきました。あわせてフィールドワークも各地で行いました。歴史の事実を掘り起こし活動している仲間たちとの交流も重ねてきました。その成果が全三巻の内容となっています。

奇しくも戦後七五年の日本の針路を私たち一人ひとりが考えなければならない年に、戦後の一つの総括として戦争孤児問題を現段階で理論的に整理し、曲がりなりにも歴史研究の問題意識・方法・叙述という展開ができたことに安堵しています。

現代的課題に対する問いを持ち続け、歴史的想像力を枯渇させることなく模索していくことに、誠実でありたいと胸に刻んでいます。

戦争孤児問題を歴史教科書で学べるように

戦争の反省は戦後政治のなかでまともな総括がされないまま現在に至っており、あらためてこの時期に戦争孤児たちの戦後史を掘り起こすことは大きな意義があります。いま戦争孤児たちの戦後史に光を当てて、歴史をつなぎ、歴史をつくる研究運動を、仲間たちとすすめたいと思います。

悲しみの記憶・切なさの感情・排除の体験を私たちはどう文字として起こすことができるだろうかと逡巡することもよくあります。それでも聴き取り調査のなかで、戦争孤児の方々が最後にいわれる「戦争は絶対に繰り返してはいけません!」という一行のことばに励まされてきました。

私たちは、歴史の研究が、過去の記憶と記録の解析とともに、沈黙のなかにある声に耳を澄ませ、生きる希望を発見するとりくみでありたいと願っています。私たちは今後の研究においても歴史的想像力を子どもたちにはぐくむための本物の歴史教科書が必要であると思っています。

多くのおとなたちとともに、子どもたちが歴史の事実・現実・真実を学ぶことをこの国で伝えていきたいものです。そのために本書が役立つことを心から願っています。

戦争孤児たちの戦後史研究会　代表運営委員

浅井春夫
川満彰
平井美津子
本庄豊
水野喜代志

目　次

Ⅱ部　空襲、原爆、引揚げと戦争孤児
――西日本の孤児の諸相――

はじめに——戦争孤児たちの生きるための戦い——

本庄　豊

一　国策として進められた学童疎開

本巻の対象地域は「西日本」である。西日本の定義は諸種あるが、ここでは九州・沖縄地方、中国・四国地方、近畿地方、中部地方のうち福井・岐阜・三重・愛知の各県を含む地域としたい。ただ、戦争孤児たちは鉄道を使って全国各地を移動することが多かったため、地上戦のあった沖縄や原爆が投下された広島・長崎を除き、地域による特色を浮かび上がらせることは難しいのも事実だ。だから、誤解を恐れずにいえば、西日本に戦後住んでいたことにより取材対象となった孤児の方がたについて記述することになる。

日本の戦争孤児問題の背景には、国策として進められた学童の集団疎開がある。東条英機《とうじょうひでき》内閣は「学童疎開《がくどうそかい》促進要綱」（一九四四年六月三〇日）を閣議決定、学童疎開は縁故疎開を原則とするが、それが困難な学童には集団疎開を実施するとした。この実施の対象とされたのは、東京、横浜、川崎、横須賀、大阪、神戸、尼崎、名古屋、門司《もじ》、小倉、戸畑、若松、八幡《やわた》の一三都市、約四〇万人の国民学校初等科三年生以上の学童だった。

米軍による無差別爆撃が始まると、都市に残された親たちのうち、逃げ遅れた者は燃え盛る木造家屋の下で焼け死

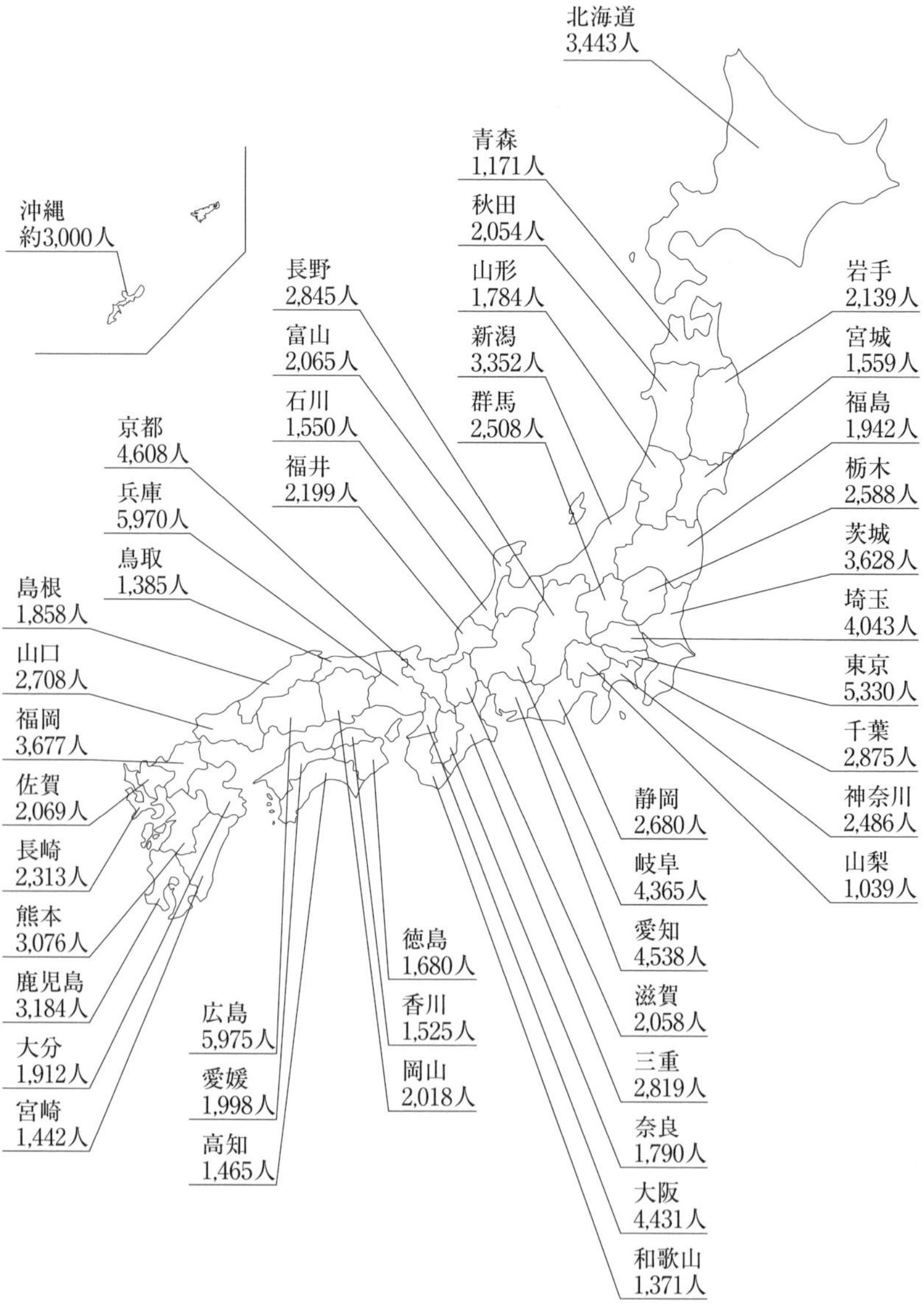

図1　都道府県別戦争孤児数
（本庄豊『戦争孤児―「駅の子」たちの思い―』新日本出版社，2016年）

表1　戦争孤児の分類

①戦災孤児	空襲などの戦災や戦後の貧困などで身寄りをなくした孤児
②原爆孤児	戦争末期の原子爆弾投下で身寄りをなくした孤児
③引上孤児 残留孤児	戦後、旧満州や南洋諸島などから単身で戻ってきた孤児 旧満州などに取り残され、現地の人に育てられた孤児
④沖縄の戦場孤児	沖縄戦で身寄りをなくした孤児
⑤国際（混血）孤児	日本を占領した米軍兵士と日本人女性との間に生まれた孤児

（出典）本庄豊・平井美津子編『シリーズ戦争孤児』①～⑤，汐文社，2014 ～ 15年より筆者作成.

表2　戦争孤児数の多い都府県（10位まで）

沖縄県をのぞく全国合計孤児数　12万3,512人（1万2,202人）

01	広島県	5,975人（ 456人）	06	大阪府	4,431人（1,413人）
02	兵庫県	5,970人（ 662人）	07	岐阜県	4,365人（ 111人）
03	東京都	5,330人（1,703人）	08	埼玉県	4,043人（ 180人）
04	京都府	4,608人（ 584人）	09	福岡県	3,677人（ 584人）
05	愛知県	4,538人（ 533人）	10	茨城県	3,628人（ 163人）
			☆	沖縄県	約1,000人（約200人）

（出典）厚生省「全国孤児一斉調査」（1948.2.1実施）より作成.
（注1）この厚生省（当時）調査は，アメリカ統治下の沖縄では実施できなかった.
（注2）（　）内は孤児施設に入れられた子どもたちの数. ただし，逃亡や死亡などもあり実数は正確ではない.
（注3）調査対象は，数え年1～20歳の孤児. このうち8～14歳の孤児は5万7,731人（全体の46.7%）だった. 数え年とは生まれた時を1歳とし，正月に1つずつ加えていく日本独自の年齢の数え方である.
（注4）沖縄県については，琉球政府行政主席官房情報課「児童福祉の概要」（「情報」第14号，1954年4月7日発行）による.「情報」によれば，養子や親戚による引取りも含めると実際の孤児数は約3,000人であったとされる.

んでいった。すべての学童が疎開したのではなく、東京で一一万人、大阪で六万人、名古屋で四万人などが都市に残り、空襲下で逃げまどい、少なくない学童が亡くなっている。これは、布団が準備できない学童は集団疎開に行けなかったことが原因の一つである。当時の下町では、一つの布団に二人で寝るのが当たり前だった。兄が集団疎開のため布団を持っていってしまうと、弟には布団がなくなってしまう。布団がないので、弟は疎開に行けず、都市に残され被災することもあった。集団疎開費用一ヵ月一〇円が払えず、都市に留まった学童もいた。一〇円の金額は、一ヵ月一〇〇円で生活していた五人家族にとって、かなりの額である。敗戦の年の四月には、全国一七都市の約四五万人の学童が七〇〇〇ヵ所に集団疎開していた（日本戦災遺族会、一九八二）。

一九四四年四月に開催された国民学校長会議で、大達茂雄《おおだちしげお》東京都長官は学童集団疎開の目的について、「若き生命を空襲の惨禍より護り、次代の戦力を培養する」「帝国将来の国防力培養であり、帝都学童の戦力配置を示すもの」と訓示している（逸見、一九九八）。このように戦争孤児は、日本の戦争遂行政策（学童集団疎開）によって作り出された孤児であった。沖縄では、九州の各県に疎開する学童・一般疎開者一六六一人を乗せた対馬丸《つしままる》が、米軍の潜水艦による魚雷攻撃を受け、一四八四人が犠牲となっている。

二　アメリカ軍の孤児（院）政策

日本を占領した米軍は、クリスマスや復活祭《ふっかつさい》に、日本国内の孤児施設の子どもたちを米軍キャンプ地に招き、大歓待した。孤児の方がたへの聞き取りのなかで、とりわけ小学校低学年までは、この米軍キャンプでの歓待を記憶している人が多い。帰路、抱えきれないほどのプレゼントが孤児たちに配られたのは、個々の米兵の「思いやり」だけではなく、反米感情を少なくして占領政策を推進しやすくするための米軍の施策の一環だった。

日本の孤児院は、敗戦を契機に作られただけではない。日露戦争後に開設された仏教系の孤児院もある。それらは民間施設が中心だった。その意味では近代における孤児院の歴史は意外と古い。敗戦後は、地方行政や篤志家らの支援を受けて開設される施設もあった。

一九四七年、マッカーサーは、一九一七年よりアメリカのネブラスカ州で孤児院「少年の町（Boys Town）」（現在の名称は「少女と少年の町」、Girls and Boys Town）を営むカトリックのエドワード・ジョゼフ・フラナガン神父の来日を促した。「少年の家」は少年たちの更正自立支援組織だった。フラナガン神父は、戦争孤児救援のための共同募金「赤い羽根」を提唱し、日本各地の孤児施設を訪問した。

NHKデジタルアーカイブス「日本ニュース」第六九号には、「来朝中のフラナガン神父は一九四七年四月二八日、京都市の和敬学園《わけいがくえん》を訪れ、国境を越えた愛情に気の毒な子供たちを喜ばせました」という字幕・音声とともに、子どもたちを抱きかかえるフラナガン神父の映像が流れる。同学園は、一九二四年に京都市上京区に開設された少年の矯正施設で、戦後は戦争孤児施設として運営されていた。

三　積慶園『創設七〇周年記念誌』

フラナガン神父の来日以前に、各地で独自に戦争孤児対策が進められる先鞭をつけたのが、敗戦の翌月に開園された「積慶園《せつけいえん》」（当時京都市右京区、現在西京区）だった。積慶園は日本の戦後史にその歩みを重ねてきた。筆者の戦争孤児調査は、積慶園との出会いから始まった。沖縄を除く当時の全国の孤児収容所のうち、公立が三八ヵ所、私立が二二二ヵ所、不明が八ヵ所となっており（日本戦災遺族会、一九八二）、圧倒的に民間が多い。積慶園もその一つだった。二〇一六年三月積慶園から発行された創設七〇周年記念誌『積善』には孤児院として戦後出発した同園の歴史がビジュアルにまとめられている。積慶園は三〇年史、五〇年史もまとめており、これらは戦争孤児研究に欠かせない史料となっている。

積慶園の前身となった華洛《からく》青少年相談所は、戦争末期の一九四三年一月末、仁和寺《にんなじ》小学校前にある旧有清寺《ゆうせいじ》（京都市上京区御前通一条下る）内に開設された。相談員は、古村正樹ら本門仏立宗《ほんもんぶつりゅうしゅう》の僧たちだった。相談所の仕事は、窃盗や暴力行為などをはたらく少年少女、家出した少年少女、保護者から直接依頼された少年少女らを収容し、保護・

補導することだった。

積慶園のことを調べる以前は、戦争孤児とは敗戦後の問題だと勝手に思い込んでいたが、そうではなく戦前の空襲直後に発生したのが「戦争孤児」であり、片隅に隠れていた孤児たちの姿が誰の目にも触れるようになったのが敗戦後のことだったのである。古村は妻や息子とともに、積慶園に住み込んでいた。

当時京都府厚生係長であった花房儀清は、その頃のことを次のように書いている。

当時は、夏だったのでまだよかったものの（京都）駅の冷えこんだコンクリートの上に、はだかの浮浪者がいっぱいで、（駅構内の）歩道を歩くことが出来ないほどでした。待合室では旅客の弁当を乞食して歩いている、そして盗難だとかのいろいろの問題が起る、それを解決するために政府は、緊急援護をやることになった。その第一は、浮浪者の収容所を急設せねばならぬということであった。そう政府からいって来たが、（京都）府の方にはその予算が全くない、（中略）そこへアメリカ軍が進駐して来るということもあって全くほっとけない、そこでまず、平安徳義会だとか、平安養育院（ともに明治時代開設の養護施設）だとかに無理やりおし込んだ。ところがその当時浮浪者の栄養状態は全く悪かったんで、二十日ばかりの間に、ばたばたと死んでゆくという始末でした。（古村）園長は府庁から家へもかえらず浮浪者と寝食を共にしたが、「死骸のふり方がつかない。夏季なのでウジもわく状態」だった。

（七十周年記念誌編集委員会、二〇一六）

京都駅とその周辺に常時いた戦争孤児の数はよくわからないが、取材した方がたの証言を総合すると、数百人にのぼったのではないかと思われる。敗戦から三〜五年間は京都駅周辺にたむろしていたらしい。

四　『第二巻　西日本編』の各論考にふれて

戦後の戦争孤児施設の職員からの聞き取りは、亡くなっていたり高齢になっていたりすることもあり、非常に困難になってきた。一方、孤児だった方がたについてはほとんどが八〇歳代であり、記憶の鮮明な方も少なくない。聞き取りを進めていくと、孤児院での虐待体験を語る孤児の方に会うこともある。職員にとっては心身を消耗させての孤児院運営ではあったが、それがうまく伝わらないこともある。職員と孤児たちの体験感覚のずれ、齟齬については、それぞれの論考を読んだうえで判断していただければと考えている。

第二巻各章の概要は次のようである。

「Ⅰ部第一章　京都の戦争孤児調査から見えてきたもの」は、戦争孤児施設「伏見寮《ふしみりょう》」と伏見寮職員が実家・大善院《だいぜんいん》に持ち帰った遺骨・遺髪の調査を通して、戦争孤児の実態と施設職員の取り組みについて書かれたものである。

「第二章　知的障害のある孤児・浮浪児たちと京都府立八瀬学園―京都における障害児教育の発足と担い手たち―」は、障害を持った戦争孤児たちの施設として出発した京都府の八瀬学園《やせがくえん》の職員からの聞き取りと、発掘された資料で構成したものである。

「第三章　大阪府の戦争孤児―生活と教育―」は、大阪府における戦争孤児の実態を追ったものであり、郊外学園などの個別の事例もあげながら書かれたものである。

「第四章　大阪空襲訴訟」は、戦後「おきざり」にされてきた空襲被害者救済の取り組み（裁判闘争など）と戦争孤児問題とをリンクさせ書かれたものである。

「第五章　神戸の戦争孤児たち」は、近年の戦争孤児研究の進展を受け、神戸における孤児の生活と実態に迫るものである。

「Ⅱ部第一章　愛媛と戦争孤児」は空襲だけではなく、引揚者の戦争孤児にも目を配り、戦争孤児と児童福祉施設の連続性について、愛媛での具体的な取り組みを紹介、とりわけ孤児救済に尽力した人々の仕事を明らかにした。

「第二章　原爆孤児―広島・長崎―」は、戦争孤児だった島本幸昭氏の証言である。広島戦災児五日市育成所に入所したときの思いなど、当事者ならではの証言も多く、貴重な記録となっている。

「第三章　原爆孤児を助けた精神養子運動」は、アメリカから始まった精神養子運動が日本でも行われた様子を、孤児たちの証言とともにつづるものである。山口勇子らのこうした運動はまだ知られておらず、さらに掘り起こしが進むことが期待される。

「第四章　引揚孤児―博多・舞鶴―」は、戦後の引揚げ事業の歴史と戦争孤児たちについて、舞鶴港と博多港を中心に論じたものである。

「第五章　沖縄戦で生まれた戦争孤児―「艦砲《かんぽう》ぬ喰《く》ぇーぬくさー《のこした》」子ども―」は、戦場体験や対馬丸《つしままる》事件を通して孤児となった子どもたちに迫るものである。沖縄の孤児院に残された記録から当時の施設の様子を具体的に知ることができる。また孤児院に入らなかった子どもたちについても述べている。

「第六章　名古屋空襲で孤児になって」は、戦争孤児だった荒川義治氏の手記（証言）の紹介である。どのようにして生活費を得たのかなど、本人にしかわからない貴重な証言が多く含まれている。また、戦争孤児施設として出発した「大阪水上隣保館《おおさかすいじょうりんぽかん》」移転の様子などを知ることもできる。

五　歴史教育の中の戦争孤児問題

戦争孤児の研究は、近年二つのアプローチから進んできた。一つ目は孤児の方がたの証言である。今年（二〇二〇年）が戦後七五年ということもあり、孤児としての記憶を持つ方がたは八〇代になっており、自らの体験を記録しておきたいと思うようになったことも証言の蓄積につながったといえる。また、集団的自衛権の問題や戦争と平和についての近年の緊迫した国内外の状況も、証言を決意した背景にあると思われる。

二つ目は、戦後の孤児院、現在の児童養護施設に残された資料からのアプローチである。資料が保存されている児童養護施設は少なくないが、勤務する職員の意識が戦争孤児の問題から離れており、意識の薄さが資料廃棄につながるケースもある。筆者は児童養護施設の雑誌に戦争孤児についての文章を寄せたことがあるが、それは「若い職員が施設の歴史を知らないのでぜひ」と依頼されたからである。

筆者は歴史教育者であり、戦争孤児がすぐれた教材だという視点から、授業化を試みてきた。現在の日本の多くの子どもたちにとってアジア太平洋戦争は曾祖父母が戦争世代であり、戦争体験の世代間継承がかなり困難になってきている。こうしたなか、戦争当時の年齢が子どもたち自身と近い孤児たちの記録は、子どもたちに当事者性を持たせる機会を提供することができるすぐれた教材となっている。たとえば、神戸空襲による戦争孤児兄妹を描いたアニメ「火垂《ほた》るの墓」（高畑勲《たかはたいさお》監督、一九八八年）は、主に小学校の平和教育の教材として今でも使われている。

戦争孤児を歴史の教材として考えたとき、以下のような三つの課題をあげることができる。第一は、あの無謀なアジア太平洋戦争の帰結として戦争孤児が生まれたという歴史認識を、子どもたちのなかに育てるという課題である。第二は、沖縄以外の都道府県すべてに駅があり、戦争孤児がおり、孤児たちを助ける人たちがいた事実をていねいに掘り起し教材化するという課題である。第三は、現在の児童養護施設の多くが戦争孤児施設として戦後出発したため、当時の貴重な資料が残されているという課題である。

これらの課題に向きあうために、マスコミとの共同、教科書への執筆などに筆者は取り組んできた。また全国で少しずつ進んでいる戦争孤児関係のモニュメントの建設運動については、本巻I部第一章「京都の戦争孤児調査から見えてきたもの」のなかで触れられている。

二〇一八年八月放送のＮＨＫスペシャル「〝駅の子〟の闘い―語り始めた戦争孤児―」の担当ディレクター中村光

博さんは著書『「駅の子」の闘い—戦争孤児たちの埋もれてきた戦後史—』（幻冬舎、二〇二〇年）のなかで、次のように書いている。

駅の子という言葉を知ったのは、ある勉強会で立命館宇治中学・高校の本庄豊先生のお話を聞いたのがきっかけでした。戦争孤児を授業でも取り上げている先生によれば、空襲を免れた京都駅に住み着いた孤児の存在は生徒の関心も高いそうです。今まで戦争孤児に関しては上野方面に証言が偏る傾向があったんですが、実際は日本各地に駅の子がいて、もっと多様な戦後史を刻んでいたはずなので、取材を進めました。

戦争孤児の教材化については、積極的に評価する意見が多い反面、「被害体験ばかりで加害体験が弱いのではないか」という批判がある。日本軍慰安婦、徴用工をめぐる日本政府のかたくなな対応やそれを支持する人たちが少なくない点を鑑みるとき、この指摘は大切であるとともにとても重い。戦争孤児たちのなかにいた、在日朝鮮人の方がたの掘り起こし、孤児院に連れられてきた在日米軍と日本人女性との間に生まれた孤児たちについて丁寧に調査することで、こうした批判を受け止めていきたい。

二〇一九年一二月NHK BS1で放送された「さしのべられた救いの手—〝原爆孤児〟たちの戦後—」は、本巻に手記を寄せた島本幸昭さんが証言者として登場する。また、韓国人に助けられた原爆孤児・友田典弘さんは、敗戦後韓国に渡り、韓国の母となるヤン・ボンニョさんとともに暮らすようになった。友田さんの孤児体験は、植民地とされた韓国と日本の問題を浮き上がらせるものだった。孤児体験の分析から、植民地国における加害の問題が見えてくるすぐれたドキュメンタリーである。

戦争孤児たちのなかで取材できているのは、まだごく一部の方がたであるある。亡くなってしまった孤児たち、犯罪に手を染めていった孤児たち、朝鮮半島出身の孤児たち、性的虐待の対象となった孤児たち、優生保護法下強制不妊手術を受けさせられた孤児たちの「声なき声」をどう集めていくか、これらも私たちの今後の課題として残されている。

参考文献

中村光博『「駅の子」の闘い―戦争孤児たちの埋もれてきた戦後史―』幻冬舎、二〇二〇年
七十周年記念誌編集委員会編『積善―社会福祉法人積慶園七十周年記念誌―』積慶園、二〇一六年
日本戦災遺族会『戦災史実調査報告書・昭和五七年度「戦災孤児」』一九八二年
逸見勝亮『学童集団疎開史』大月書店、一九九八年

Ⅰ部　近畿地方

第一章　京都の戦争孤児調査から見えてきたもの

佐々木正祥・佐々木美也子・本庄　豊

はじめに

筆者（本庄）が戦争孤児についての調査・取材をまとめたのは、子どもたち向けのビジュアル本『シリーズ戦争孤児』（全五巻、汐文社）からだった。第一巻は『戦災孤児―駅の子たちの戦後史―』（二〇一四年）。

第一巻は京都の戦争孤児を取り上げた本である。戦災の少なかった京都駅周辺には鉄道を使って全国から孤児が集まっていた。厚生省「全国孤児一斉調査」（一九四八年二月一日実施）によれば、京都府には四六〇八人の孤児がおり、そのうち五八四人が施設に暮らしていた。その数は広島県、兵庫県、東京都に次ぐ全国四番目の多さだった。

一見結びつきが濃く見えないと考えがちな京都と戦争孤児をつなげることで、戦争孤児調査は全国規模で行なわれるべき問題であることを示そうと考えたのである。本章の「はじめに」、一節、四節、「おわりに」は本庄が、二節、三節は佐々木正祥が、コラムは佐々木美也子が執筆した。

一　伏見寮指導員・佐々木元禧

孤児たちの結婚式の写真

「この写真は伏見寮《ふしみりょう》出身の孤児二人の結婚式です。青年は山本精一くんといいました。一九六〇年くらいのものやと思います」

こう語ったのは、正行寺《しょうぎょうじ》（京都府宇治《うじ》市六地蔵《ろくじぞう》）の和田弘之さん（故人）の妻・智子さんである。

「どこで写されたのですか？」と筆者（本庄）。

「たしか、大善院《だいぜんいん》やったと……」智子さんは続けた。

「たしかめてみますね」

図1　伏見寮出身孤児の結婚式

筆者は大善院に問い合わせることにした。

二〇一三年九月一一日、正行寺を訪れたときの会話である。

智子さんの夫・和田弘之さんは元伏見寮職員。家が寺だったこともあり、何人もの伏見寮の孤児たちを家に寝泊まりさせていたという。

「今でいえば公私混同ですが、当時はあたりまえでした」

伏見寮出身の戦争孤児である山本精一の結婚式が開かれた大善院とは、真宗佛光寺《しんしゅうぶっこうじ》派大善院のことである。大善院の佐々木正祥住職に問い合わせたところ、次のようなメールが返って来た。

写真ありがとうございます。確かにうちの本堂での写真ですね。今は飾っていませんが後ろの軸や額縁の写真などでわかります。こんなことがあったとは大変びっくりしました。新郎新婦前の丸刈りの人物は、頭の形などからしておそらく祖父の元祐かと思いますが、確定はできません。　大善院　佐々木正祥

先々代の住職であった大善院住職・佐々木元祐（正祥の祖父）には、五人の息子がいた。長男・延祥（正祥の父）、次男・元禎（シベリア抑留から帰還するも二二歳で死去）、三男・元禧《げんき》（伏見寮指導員）等である。大善院は、伏見寮指導員である佐々木元禧の実家だった。

第一伏見寮と第二伏見寮

伏見寮は京都府の所管する、戦争孤児たちの一時保護施設。伏見寮（男女別に第一寮と第二寮があった）でしばらく生活した後、孤児たちはそれぞれ別の民間の孤児施設に移送された。孤児たちは、伏見寮から市電を使って京都駅方面に逃亡したという。市電は改札口を通らずに乗れるため、不正乗車しやすかったからだ。孤児たちの逃亡を防ぐために、太い木でできた格子の部屋があったが、部屋に置いてあった汲み取り便所に布団を突っ込み、布団を足場にして外に逃げた孤児もいたらしい。

第一伏見寮（現在は舞台公園）の横に京都府が建てた集合住宅があった。その敷地内に、一九三一年五月に建てられた「社会館建話」の碑があり、ここに「本館」「授産所」「乳児院」等があったことが記されている。地域の人々が土地と資金を拠出して建設した「社会館」を戦後京都府が接収し伏見寮等の建物としていたのだろう。

この集合住宅は、現在は取り壊され更地になっている。この地にかつて戦争孤児施設があったことを記録しようと、地元で更地の跡地利用について提案活動などが行われるようになった。

二　大善院の遺骨・遺髪発見

八体の遺骨と遺髪

「ちょっと、これ何かしら⁉」

今から十数年前、本堂裏の倉庫の整理をしていたときに、坊守《ぼうもり》の佐々木美也子（筆者の妻）が急に声をあげた。見ると倉庫の古い木箱などがいくつも積まれた中に、五〇立法センチぐらいの厨子《ずし》のような木箱があり、前の扉を開けると何体もの遺骨や遺髪の容器が入れられていた。明るいところへ木箱を運んで調べると、大半が幼い子どものもののようである。数えてみると、八体の遺骨もしくは遺髪が形もばらばらの骨壺や半紙にくるまれていて、それぞれに本名もしくは法名（戒名）が書かれていた。

そのときに思い出したのが、昔、筆者（佐々木正祥）の叔父（父の弟）の佐々木元禧が、戦後間もない頃に、勤務先の戦争孤児施設で亡くなった子どもたちの遺骨を実家である大善院に預けたようなことを言っていたことである。聞いたときには肝心の現物がなかったので、よくわからなかったが、どういう経緯か、それが長い間、本堂の奥にしまわれていたのである。その頃は祖父が住職を勤めていたはずだし、法名などは祖父がつけたのかもしれない。ともかくそれ以来、身寄りもなく亡くなっていった可愛そうな子どもたちという気持ちで、寺として本堂の中にお祀りしてきた。

京都戦争孤児追悼法要

その時点では、それらの遺骨・遺髪が、いわゆる戦争孤児のものという認識はなかったが、二〇一三年の夏に、立命館宇治高校の本庄豊先生が調査に来られて、それらの遺骨・遺髪が、戦後、京都駅周辺にいた孤児たちを一時保護していた「伏見寮」にいた子どもたちのものと判明した。

本庄先生の提案もあり、その秋、初めて、当時の「伏見寮」の関係者が集まり「京都戦争孤児追悼法要―証言・講演・音楽の夕べ―」が開催された。このときには、本庄先生の講演をはじめ、当時の伏見寮職員の家族で伏見寮に住んでおられた経験もある川崎泰市さんによる証言があり、掘り起こされた「伏見寮の歌」を高校生の歌唱指導で歌ったりし、また当時伏見寮以外でも孤児たちを受け入れていた京都市内のいくつかの施設関係者など五〇名以上の方が集まった。こうしてあくまでうちの寺の中でのみ祀っていた遺骨・遺髪が一気に社会的・歴史的な背景をもって光を浴びることになったのである。

三　「せんそうこじぞう」建設へ

戦後七〇周年（二〇一五年）企画

翌年も「追悼法要」ならびに本庄豊先生の『戦災孤児―駅の子たちの戦後史―』という本の出版記念集会をもつことになり、八月の終戦記念日近辺に実施した。こうして毎年、戦争孤児に関する集会を開催するのが恒例になった。そして二〇一五年の戦後七〇周年にむけて、何か形として残るようなものを作ってはどうかという話が出た。このときの実行委員会に集まったのは、先の川崎泰市先生に本庄豊先生夫妻、雑誌の編集者、住職夫妻、そして本庄先生の教え子にもあたる立命館宇治高校の女子生徒とそのご家族というメンバーだった。集まっていくつかのアイデアを出し合う中で、当初はJR京都駅の構内に戦争孤児の姉弟像のようなモニュメントを作ってはどうかということで、JR側にも打診したが、これは受け入れてもらえなかった。

「せんそうこじぞう」のデザイン

そこで、縁のある大善院の境内にモニュメントを作るという方向で話が進んだ。境内ならお地蔵さんや観音様のような形式の方がしっくりくるのではないかという意見も出た。先の女子生徒がイメージ図を描いてくれたが、それを見ると、ちょうど自らも防空頭巾をかぶったお地蔵さんが地球儀を抱き、その地球儀の上には五体の小さな地蔵が並んでいるという大変ユニークでありながら、親しみを抱かされるようなデザインだった。

また作成途中の論議の中で呼称も検討したが、硬いイメージの漢字よりも柔らかいひらがなにしてはどうかという意見が出た。そして「こじぞう」と「じぞう」の両方の意味を込めて「せんそうこじぞう」と名付けられた。こうして具体的にイメージができる中で、是非このプロジェクトを成功させたいという機運が高まった。

半年間で集中的に資金の呼びかけ

次には資金面の問題が持ち上がった。色々な素材などを検討する中で、石像にする方向で決まっていったが、工事費も含めるとおおよそ二五〇万円ほどかかることがわかった。そこで、各方面に呼びかけ寄付を募ることになった。一定額以上の寄付をいただいた方のお名前を石版に刻印するということにし、実質、半年ぐらいの期間で集中的に呼びかけをして、のべ二百数十名の方のご協力を得て、何とか資金を集めることができた。

二〇一五年、戦後七〇周年を目前にした七月二〇日に「戦争孤児追悼法要・せんそうこじぞうお披露目会」を開催。マスコミ関係者も含め一〇〇名近くの参加者の見守る中で、「せんそうこじぞう」の除幕を行うことができた。年代や立場を超えた関係者の努力で「せんそうこじぞう」という、一つのシンボル的なモニュメントを完成させることができたのである。

まさか最初にうちに遺骨・遺髪を預けた叔父もそこまで事態が発展するとは思っていなかったと思うが、ここにいたるあらゆる縁が熟してこういう形に結実したのだなあと思えば感慨深いものがある。

図2　大善院につくられた「せんそうこじぞう」と小倉勇さん

戦争孤児・小倉勇さんの証言を聞く会

同じ年の一一月には、自らが戦争孤児であったと名乗り出られた小倉勇さんによる証言を聞く会を催した。小倉さんは、全国を友達たちと盗みなどを繰り返しながら放浪し、徐々に視力が失われていく中で、一念発起して三療（あんま・ハリ治療）の技術を身に付けられて立派に社会復帰をされた方である。このように、大善院で発見された遺骨・遺髪が一つのきっかけとなりながら、活動はさまざまな広がりを見せていった。

立札を見ていく観光客

たまたま遺骨・遺髪を見つけた妻（美也子）は、「何かに呼ばれたのかもしれない」と言っていた。決してオカルトチックな意味ではなく、そういう機縁があるのだろう。またこの「せんそうこじぞう」建立を契機に、多くの新しい縁が結ばれ始めているようにも思える。その後も、せんそうこじぞうを訪ねて来る方、折鶴などを届けてくださる方がおられたり、たまたま前を通りかかった外国人を含む観光客たちがいわれを書いた立札などを見ていく。門前の「せんそうこじぞう」さんが、これからも訪れる人たちに何かを感じていただけるきっかけになればと願っている。

コラム 遺骨・遺髪からの伝言

佐々木美也子

ある夏の日、本堂の掃除中に古びた木箱を見つけました。小さなお仏壇のような木箱はほこりを被っており、中にはいくつもの小さな遺骨の箱や遺髪の包みが入っていました。名前(法名)と享年が記されてあり、住職の叔父が戦後勤めていた児童養護施設と関わりのある子どもたちのものであることを知りました。どういう経緯で遺骨・遺髪を預かっていたのか詳しくわからなかったのですが、七〇年近くも狭くて暗いところに閉じ込められた子どもたちのことに気づかなかったことが悔やまれました。木箱を見つけたことに大きな衝撃を受け、今からでも自由に遊べるようにという思いで、木箱の扉を開けて供養していました。

後に遺骨・遺髪の調査がされるなかで追悼法要や証言の集いが開催されて「戦争孤児」のことが新聞やテレビで報道されるようになりました。証言を聞くたびに、孤児となり駅で暮したり児童養護施設で過ごした方の言葉が胸に突き刺さるように響きます。

あらためて振り返ると、この木箱はこれからの子どもたちの未来に生かされるよう、「私たちのことに気づいて!」「どうして遺骨・遺髪になってしまったのか歴史をしっかりみて!」とわが身をもって伝えてくれているのだと思います。

四 伏見寮生・小倉勇さん

小倉勇さんからの電話

二〇一五年七月末、筆者(本庄)は小倉勇さんという方から電話を受けた。その人は「伏見寮にいた孤児」だと言った。電話によれば、小倉さんは同月一〇日に放送されたNHK大阪放送局製作「かんさい熱視線」「〝駅の子〟たちの戦い―語り始めた戦争孤児―」に出演した奥出廣司さんの「今、戦争について語らねば」という言葉を聞き、証言することを決意したという。

同年八月二日、京都市左京区の銀閣寺近くにある小倉さん宅で話を聞くことができた。奥出さんが京都駅で暮らしたときは六歳だったのにたいし、小倉さんは一五歳だった。年齢の違いは体験してきた世界の違いにもつながる。小倉さんは全盲の戦争孤児だった。

敦賀空襲に遭い、母を亡くす

小倉勇さんは、一九三二年四月一一日に福井県敦賀《つるが》市で生まれた。上に姉三人がいたが、いずれも小倉さんが子どもの頃他界している。だから小倉さんは一人っ子だった。小倉さんの父は船員をしていた。道楽者の父で、母マツは小倉さんをかかえ、苦しい生活を余儀なくされていた。

一三歳のときに敦賀大空襲（一九四五年七月一二日夜～一三日午前二時の米軍による攻撃）に遭遇し、家で寝ていた小倉さんと母の二人が罹災する。父は船に乗っていて不在だった。母は勤労奉仕中に骨折し、足が不自由だった。

港町敦賀は中京や阪神地方と中国大陸とを結ぶ物資供給の重要中継拠点であり、防空体制も整備されていたのでよもや空襲を受けるとは思わず、住民や軍のなかに気の緩みがあったという（『敦賀市史』第一巻「通史編」）。敦賀は太平洋地域からの疎開先にもなっていた。小倉さんは火の手の上がった家から命からがら逃げ出したが、外には母の姿はなかった。足が悪く、逃げ遅れたのだ。

敦賀空襲は七月一二日からの大空襲だけではなく、三〇日、八月八日にも実施された。敦賀を空から攻めてきたのは米軍の戦略爆撃機B29だった。東京や大阪、神戸、名古屋などの大都市にはB29が投入されたが、それが一段落すると地方都市もB29の攻撃対象になっていく。B29による焼夷弾投下により、四〇〇〇戸以上が消失、二万人が家を失った。一〇〇人以上が亡くなり、二〇〇人以上が負傷したという。敦賀の市街地の八割以上は消失した（『敦賀空襲・戦災誌』）。

翌朝、煙の立ち上る焼けた自宅前の防火水槽の中から、小倉さんは母の遺体を見つけた。母は水の中で布団をかぶったまま亡くなっていた。足を引きずり、燃え盛る炎を布団で避けながら、ようやく防火水槽にたどりつき、息絶えたのだろう。

母が亡くなった翌月の八月一五日、日本は戦争に負けた。もう少し早く戦争が終っていたら母の死はなかったのだと、小倉さんは歯軋りした。九月には父が朝鮮半島から戻ったが、その父も翌年二月にチフスで亡くなった。極度の食糧難により、日本中の人たちが飢えて体力を消耗させていた。チフスなど伝染病の致死率は非常に高かった。

親戚の家を逃げ出し、駅を転々

父母を亡くし孤児となった小倉さんは、一九四六年三月親戚の伯母（父の姉）の家を頼った。しかし、戦後の物不足のなか、親戚宅での暮らしは肩身の狭いものだった。少ない食料を、親戚の子たちと奪い合った。伯母の顔がだんだん険しくなってきた。「親戚というだけで、何で面倒見なければならないだい」といわれた。耐え切れず、四月になると小倉さんは敦賀を逃げ出すことにした。敦賀駅で乗車、福井駅に行き駅の待合室で暮らした。その後無銭乗車を繰り返し、六月には東京駅にたどり着いた。東京駅には孤児があふれていた。全国各地から集まってきたのだ。東京は一面焼け野原だったが、東京駅や上野駅の近くには闇市が立ち、食料が得やすかったからだ。

生きていくためには何でもやった

最初はためらいもあったが、生きていくためにはどんな手段を使っても食料を得なければならない。「浮浪児」と呼ばれた孤児たちは、食料を得るために徒党を組み、盗み、置き引き、空き巣など何でもやった。文字どおり、弱肉強食の世界だった。目の悪かった小倉さんは、一人では何もできない。三人の仲間でグループをつくった。小倉さんは年長だったが、窃盗などをするときには見張り番の役目を果たした。小倉さんたちはしなかったが、主に一〇歳以下の子どもたちがやっていた靴磨きには大人の元締めがいた。

「浮浪児狩り」（「刈り込み」）にあい、大塚にあった東京都立の孤児院に入れられたこともあった。何度も何度も孤児院を抜け出した。孤児のなかには、刺青をしたり、タバコを吸ったりする者も多かった。孤児院でもシラミや疥癬《かいせん》（皮膚病）に悩まされた。東京駅や上野駅に一年半いた。

薩摩守忠度（無賃乗車）

「長崎の聖母《せいぼ》の騎士《きし》孤児院に行けば、銀シャリ（白米）が食べられるらしい」

こんなうわさを聞いて、東京駅から「薩摩守《さつまのかみ》」を繰り返し、一九四七年の秋、長崎まで行ったこともある。「薩摩守」とは、平家物語に登場する薩摩国（現在の鹿児島県）の国司《こくし》だった「薩摩守忠度《ただのり》」のことで、無賃乗車（ただ乗り）を意味する言葉であり、当時の戦争孤児たちがよく使った。長崎では、コルベ神父（のちアウシュビッツ強制収容所で死去）とともに来日したゼノ修道士らが献身的に孤児たちの世話をしていた。聖母の騎士にしばらくいて、冬になると、大阪の西成《にしなり》、神戸の三宮《さんのみや》などで食料を求め徘徊した。大阪では寒いので「太陽の家」という孤児院に入ったこともある。敦賀を出てから二年近くが経っていた。

緑内障で失明

福井駅からずっと一緒だった孤児がいた。名前を「山本勇」と名乗っていたが、たぶん偽名だろう。小倉さんは山本を朝鮮半島出身者だと考えていた。一歳年下のこの山本は泥棒の達人だった。どんな窓でもかんたんに開けてしまうし、家のなかにある金目のものを見つけるのもうまかった。

「山本がいなかったら、ぼくは飢え死にしていたと思います」と小倉さんは言う。

一九四八年四月、一五歳になり、小倉さんは緑内障で左目が完全に失明した。もともと悪かった目だったが、医者にも行かず放置していたので悪化したのだ。右目の視力もしだいに失われていった。山本は病気の小倉さんを気づかってくれた。今でいえば、親友といってよかった。

「刈り込み」で伏見寮に

その年の春は、毎日が寒かった。京都駅で震えていたとき、小倉さんと山本は「刈り込み」に遭い、京都府の戦争孤児一時保護施設「伏見寮」に連れて行かれた。第一寮は小学生までと一五歳までの女子、第二寮は新制中学一年から三年にあたる一二歳から一五歳までの男子が収容されていた。

伏見寮に入ろうとした動機のひとつである。小倉さんはこのとき、長い放浪生活に区切りをつけようと思い始めたという。それは失明への恐怖感からだった。山本とともに小倉さんと親しかったもう一人の友人は、この年（一九四八年）一月に大阪駅で自殺している。

小倉さんと山本を事情聴取したのは、まだ年若い森川康雄指導員だった。

「小倉は敦賀の出身なんか。そうか、私も敦賀が故郷なんや」

森川は音楽を担当しており、伏見寮の寮歌なども作曲していた。歌集をつくり、子どもたちに自作の歌を教えていた。

山本は偽名のまま事情聴取された。あるとき、伏見寮の運動会があった。その日山本は腹痛で運動会を休んだ。同じ日に寮の指導員室が物色されるという事件が起こったが、犯人は山本に違いなかった。

ララ物資として送られた上着や帽子に身を包み、遠足に行ったこともある。現地に着いたら、半分近くの子どもが逃げてしまった。帰りのバスに乗ったのは、小さな子どもと小倉さんのような身体に障害のある者だけだった。

「またどこかで会おうな」

気候が暖かくなると、山本はそう言い残し、伏見寮を去った。一九四九年三月のことである。親友を失った小倉さんは、これからどうしたらいいのか途方にくれていた。

黒羽根順教先生との出会い

「お前、長い間学校に行っていないんやな」

そんな小倉さんに話しかけてきたのは、年配の男の先生だった。第二寮の寮長である黒羽根《くろばね》順教《じゅんきょう》である。小倉さんの記憶によれば、黒羽根は障害を持った孤児を収容する京都府立「八瀬学園」から伏見寮に赴任したという。第一伏見寮に父とともに住んでいた川崎泰市さんは、黒羽根のことは「たしか小学校の退職校長先生だったのではないか」と語っている。

小倉さんの歳はすでに一五歳、戦前は国民学校高等科卒業、戦後は新制中学卒業の年齢だった。だが、孤児生活をしていたため小倉さんには学校は無縁の場だった。

黒羽根は小倉さんに話しかけた。

「伏見寮は一時保護施設や。ここからお前にふさわしい孤児院を探すのだが、この寮には一五歳までしかおれん。だが、お前は目がかなり悪いらしい。しかも学校に行っていないので、世の中に出たときの知識も技能もない。どうや、目の見えない子どもが学ぶ、京都府立盲学校中等部に行かないか。中等部一年生は一二歳以上の生徒が通っている。お前は三歳年上だがそれは仕方がない。盲学校には伏見寮から通えばいい。盲学校の寮が空けば、そこに住むこともできる。盲学校で勉強し、按摩などの資格などをとってから社会に出ないか。一五歳のお前は伏見寮には置いておけないが、わしが何とかするから、そうしなさい」

「ありがとうございます」小倉さんは、自分のことをここまで考えてくれる人がいることに、生まれて初めて身体が震えるような感動を覚えた。

京都府立盲学校中等部へ

「がんばれよ」

「一人前になったらお祝いの会を開くからな」

「嫁さんをもらって所帯を持てよ」

小倉さんが盲学校に通うことになったことを聞きつけた、伏見寮の川崎国之助指導員、佐々木元禧指導員、和田弘之指導員、森川康雄指導員たちが小倉さんに何度も声をかけてくれた。

一九四九年五月五日、小倉さんは京都府立盲学校中等部に三年遅れで入学する。九月一日からは、盲学校の寮に入ることができた。京都府立盲学校は、全国の中でも優秀な生徒を集めたエリート校で、卒業生のなかには盲学校長になる者もいた。家庭的にも恵まれた生徒が多く、元「浮浪児」の小倉さんは肩身が狭かった。

小倉さんは廊下に立たされたり、罵倒されたりするなど、寮のある指導員にいじめられた。なぜ自分ばかりが酷い目に合うのか、その頃の小倉さんにはわからなかった。路上生活の長かった小倉さんは口がたち、そのことが指導員に疎まれたのだろう。

不自由なれど不幸に有らず

そんな小倉さんを激励してくれたのは、京都府立盲学校の鳥居篤治郎《とりいとくじろう》先生だった。鳥居先生は、小倉さんには特に目をかけてくれた。

「盲人は不自由なれど不幸に有らず」（目の見えないことは不自由なことではある。けれど、それは不幸なことではない）

鳥居先生がよく語った言葉である。

「京都の盲学校にはもういたくない。東京の盲学校に移りたい」追い詰められた小倉さんはそう考えるようになった。東京の盲学校は鳥居先生が学んだ学校だったからだ。

「そうか、いじめられているのか。わしの方から話をしておく。もう二度といじめはないようにするから、君はしっかり勉強するように」

我ら逆境に"めげず"
収容所の先生にお礼の宴

浮浪児の汚名返上

新春三日、空っ風の吹く宇治川べりに、今は立派な大人に成長したかつての浮浪児たちがお世話になった孤児収容所の先生たちを招いて"先生、こんな仕事をしています。もう安心して下さい……"と楽しい報告の会を開いた――。

昭和二十四年京都府立児童相談所を出た中京区四条柳馬場、看板職、山本精一君(三〇)ら十三名の男女の孤児たちはその後、ある者はお茶の小売商に、またある者は骨屋さんになって毎日の仕事に生きがいを見出すようになった。中でも戦災で両親を失った後、浮浪生活を続けて同所に収容された中京区西ノ京右馬寮町、山田氏方、小倉勇君(二〇)は両眼が不自由なのに昨年はとうとう針、キュウの国家試験に合格した。このほか本屋さんになった者もいる。女中さんをしている者もいる。

……………………

お世話になった先生を囲む"めげず会"

皆いまでは"やっ介者"どころかどこでも重宝がられている人たちばかり。年長の山本君が提案して昨年末"めげず会"という同窓会を作った。宮沢賢治の詩「雨にもめげず風にもめげず」の句からとった名前だ。そしてだれ言うともなく"収容所の先生たちを招待しようじゃないか"という話が持上った。そして三日、当時の児童相談所西原所長、和田主事、佐々木府児童課主事、川崎東山府税事務所課長など懐しい先生たちを宇治市平等院前公園「きくや」本館に招待したのだった。大きく成長した孤児らをながめて年老いた西原所長らも"こんなうれしいことはない"と感慨深げだった。

図3　「めげず会」の新聞記事
伏見寮生・小倉勇さんや山本精一ら13人が企画した，伏見寮指導員へのお礼の会の記事．新聞名・日時不詳．

「先生、目の見えないおれは幸せになれるのですか？」

小倉さんが聞くと、鳥居先生は小倉さんの肩に手を触れながら、こう言った。

「わしは、四歳で失明した。それからこの歳（五〇歳）までずっと見えない世界で生きてきた。わしの家は与謝《よさ》郡三《み》河内《ごうち》村の旧家やったが、父はわしを家のなかに隠さず、学問を身につけるよう厳しくしつけてくれた。この盲学校はわしが入学したころは盲唖院《もうあいん》と呼ばれていた。ここで一生懸命に勉強した。英語が話せるようにと、ＹＷＣＡにも通った。その後、東京盲唖院師範科に移り、三重盲唖院の教員になったんや。お前は一五歳までは目が見えた。わしよりもいろんなことを知っているやないか。わしでもこうやって教員になれた。お前にできないことはない」

按摩・マッサージ師に

「目の見えないおれにどんな力があるのです？」

小倉さんはなおも聞いた。

「わしが進めているのは理療科と言ってな、昔から行われてきた按摩が進駐軍の指示で公的資格が必要になるのを機会に、科学的な治療法を身につけることを目的に設置した。高等科に行ったら、按摩・マッサージ師になるための勉強をがんばれ。按摩は患者さんの身体を治すだけではない。話し相手になって心まで治さねば本物と言えない」

鳥居先生は小倉さんが入学する前年、日本盲人会連合（日盲連）副会長（のち会長）、京都府盲人協会初代会長をつとめるなど、視覚障害教育のパイオニア的存在だった。一九五四年にはヘレン・ケラー賞を受賞した。

伏見寮の黒羽根先生や指導員の先生、盲学校の鳥居先生の期待に応えるため、まずは点字を徹底的に憶えねばならない。点字を知らなければ、本も読めない。小倉さんは猛烈に勉強した。もともと利発だったこともあり、大地が水を吸収するように小倉さんは知識を獲得していく。

図4　小倉勇さんの結婚式の写真

年長だった小倉さんは、中等部三年生のときには、生徒会委員長に選ばれた。夏休みなどまとまった休日には伏見寮に戻り、浮浪児生活から抜け出し、しっかり立ち直った自分の姿を黒羽根先生たちに見てもらうことにした。

後に小倉さんが按摩・鍼灸師として病院に就職したとき、伏見寮の佐々木元禧指導員は酒を持って祝いに来てくれた。銀閣寺近くに按摩治療院を開業したときには、佐々木指導員だけでなく、川崎国之助指導員、和田弘之指導員たちもお祝いにかけつけてくれた。

「めげず会」結成

一九五六年の新聞切り抜き（新聞名不明）が残されている。一九四九年に伏見寮（伏見児童相談所）を「卒業」した山本清一（二四）や小倉勇（二三）ら一三人が、宇治平等院公園前の「きくや本館」にお世話になった指導員の先生たちを招待したという記事である。「当時の児童相談所西原所長、和田主事、佐々木府児童課主事、川崎東山府税事務所課長など懐しい先生たち」とともに写る元孤児たちの写真が掲載された。孤児たちは、前年の一九五五年に、「めげず会」という同窓会を結成した。中心になったのは山本清一だった。同窓会名は、宮澤賢治の詩「雨ニモマケズ」からとったという。「マケズ」が「メゲズ」になった理由はわからないが、同年に出版された『雨にも風にもめげず―働く少年少女の生活録―』（労働省婦人少年局）からとったのかもしれない。

小倉さんは一九五六年、盲学校の先生の紹介で同校卒業生・浦野まきゑと結婚する。結婚式の費用は盲学校の教員が出し合い、学校の講堂で結婚式をあげた。

「伏見寮や盲学校の先生たちには、本当にお世話になりました。私が目が見えていたら、悪の道から立ち直らなかったかもしれません」

「日本が外国で戦争をするのではないかという今の時代に私の体験を伝えたいと思います」二〇一五年九月、八二歳の小倉勇さんは、しみじみとした口調で語った。

おわりに

筆者は、さまざまな集会に呼ばれて戦争孤児について話す機会が増えた。必ずまとめにこう述べるようにしている。

戦争孤児はかつて日本の全国各地にいましたし、今は世界の紛争地域で次々に生み出されています。孤児のなかには少年兵として、戦争孤児をつくり出すことに加わっている者もいます。日本を再び戦争孤児を生み出す国にしないため、ぜひ各地で戦争孤児の方がたの証言を集めてください。これは特定の研究者によってできることではなく、皆さん一人一人の課題なのです。

京都の戦争孤児調査から見えてきたのは、全国規模での調査研究の重要性である。本稿がその手始めになることを願うものである。

参考文献

敦賀空襲を伝える会編『敦賀空襲・戦災誌』海光堂、一九八五年
敦賀市史編さん委員会編『敦賀市史 通史編 上巻』敦賀市、一九八五年
伏見ピースメッセージ展実行委員会作・中地フキコ絵『ぼくたちもぬくもりがほしかった／伏見寮にいた戦争孤児の話』かもがわ出版、二〇二〇年
本庄豊・平井美津子編『シリーズ戦争孤児①～⑤』汐文社、二〇一四～一五年

第二章　知的障害のある孤児・浮浪児たちと京都府立八瀬学園

——京都における障害児教育の発足と担い手たち——

玉村公二彦

はじめに——ある交声曲より——

風もなく、月もなく
時おり星が流れ
荒れはてた街
黒々と凍てつく夜

輸送列車の
たえまない京都駅

どこからともなく集まって

獣のようにひっそりと
夜をすごす人の群れ

暗やみにかさなって
ぼろ布をかきあわせ

凍りつく夜のコンクリート
投げすてられた石のように
ころがり眠る幼子一人

ひもじいと訴える母も
つめたいと甘える膝も
奪われてしまった五つ児

……

（野田寿子作詞・森脇憲三作曲「交声曲　墓標のない死―清子に捧ぐ―」より一部）

「清子に捧ぐ」と副題がつけられたこの交声曲は、京都府立八瀬学園《やせがくえん》の元看護婦だった有田祝子さんの投書がきっかけでつくられ、一九六九年一二月、福岡教育大学合唱部によって発表された。終戦直後の京都駅で拾われ、一時保護施設を経て、八瀬学園で育った知的障害のある清子は、卒園後、働きながらも結核と貧困のなかで二九歳の短い生涯を閉じた。この交声曲は、清子に象徴される無言で逝った孤児たちに捧げられたものだった（本庄、二〇一六）。

清子の育った八瀬学園は、一九四八年、児童福祉法に基づく「精神薄弱児施設」（知的障害児施設）として、比叡山《ひえいざん》の麓、自然あふれる八瀬の地に発足した。一九六〇年に伏見桃山《ふしみももやま》に移転し、旧桃山学園と統合して名称も京都府立桃山学園となった。清子と清子を看取った八瀬学園の職員たちは、八瀬の地でどのような暮らしを築いたのだろうか。そして、障害のある孤児・浮浪児たちへの取り組みは、知的障害のある子どもたちの福祉と教育へとどのように受け継がれていったのだろうか。

戦争孤児たちへの取り組みはどのような人たちによって担われたのか。

敗戦直後の空襲で大阪が焼け、名古屋は空襲と重なった大震災によって壊滅状況になっていた。京都にも空襲はあったが、大規模空襲による戦災・消失は免れ、名古屋から大阪から多くの焼け出された人たちが集まってきた。親を亡くした子どもたち、浮浪する子どもたちも、いのちをつなぐ場であり交通の要所であった京都駅に漂っていた。その中には、障害がある孤児や浮浪児たちもいた。京都駅は、戦争孤児たちと復員してくる兵士、大人たちとの交叉する場だった。

一　帰ってきた若者・学生たちと戦争孤児

広島、そして京都にて

京都仏光寺《ぶっこうじ》に生まれた佐々木元禧は、大谷《おおたに》大学から学徒出陣し予備学生隊として、広島の西二五キロにある竹花の海軍潜水学校で特種潜航艇人間魚雷《にんげんぎょらい》「回天《かいてん》」の特攻要員として訓練を受けていた（佐々木、一九九五）。

一九四五年八月六日、朝礼の訓示の最中、閃光が走った。佐々木は、後頭部から頸にかけて光熱を受け、数秒後に窓ガラスを震えさせる振動音を聞いた。原爆投下の瞬間だった。

米軍の本土上陸に備えるために疎開荷物を携えて、広島の宮島口《みやじまぐち》の駅に入ると、そこには被災者が溢れていた。佐々木は、原爆投下後の惨状を麻痺した目で見ていた。佐々木は、八月一五日、蒲鉾兵舎で「玉音放送」の内容を下士官から聞いた。

罷免となって山を降りると、朝鮮の子どもから「敗残兵」と罵声をうけた。京都に帰る貨車の中で、片隅に乳飲み子を抱えて横たわる片足を切断された母親を見たときに、佐々木は、「悲惨」の感情が蘇り、「生」の感覚をとりもどしたという。

京都に戻った佐々木は、京都伏見一時保護所（伏見寮《ふしみりょう》）の指導員として戦争孤児の処遇に携わることとなる。京都伏見寮の手伝いにきていた学生の一人に、音楽好きな森川康雄がいた。森川は、一九四八年八月、児童指導員の新任辞令を胸にして、比叡山に通じるケーブルカーの線路にそって急勾配を登り、緑に囲まれた八瀬学園の門をたたく。「こんな不便なところで数十人という人数の生活が成り立つのか」という疑問と不安がよぎったという。

杉本源一のハーモニカ

佐々木と同年代、一九二六年に京都の鞍馬で生まれた杉本源一は、一九四四年、京都師範学校の本科一年で学徒動員へ、豊橋予備士官学校で終戦を迎える。豊橋予備士官学校は、海軍工廠のあった豊川のとなりに位置し、戦中、アメリカの爆撃にみまわれ続ける。あわせて、一九四四年一二月の東南海地震、一九四五年一月の三河地震の被害にも遭遇。士官学校の講義のときに、伝令が来て運動場で玉音放送を聞いている。

九月にようやく「復員」、貨物のように詰め込まれて京都へ帰って来た。そのときの京都駅で、「親を焼かれ、家を焼かれ、兄弟を失った戦災孤児が京都駅の周りにぎょうさんたむろしていた」光景を目の当たりにした。

京都師範学校へ復学した杉本は、京都師範学校での教育が一八〇度変わっていることに「大きく動揺」する。そのとき、京都師範学校女子部にいた毛利美代子たちに、伏見の戦争孤児を収容する指月寮への訪問に誘われる。指月寮での活動の中で、「やっぱり教師の仕事を」と決断することになる。そのときの体験を、杉本は次のように回想している（杉本、二〇〇四）。

百人近くの子どもがいましたが、私のする仕事は、晩寝るとき話をしたり、歌を歌うこと。私のハーモニカは、そこでもてましたねえ。……それと、お話を一所懸命するんですけど、ネタがきれてくると作り話をするんですね。戦争をくぐり抜けてきた子どもらはわしが何を言うかということを読み取って「先生、それ作った話やな、その先は、そんなことしたらあかんちゅう話やろ」と先取りしてしまいよるんや。「そうじゃ、もう寝よう」云うてね。私は子どもの寝かし役やった。……子どもたちが私に話しかけてくるのを聞いてやる。……汽車のただ乗りの方法、キセルいうやつですわ。キセルの話知っているかとか、進駐軍のジープをいつ、どんな時に狙ろうてね、どこを開けたらチューインガムやチョコレート入っているとか、そこでなんぼやったとかね。そんな自慢話がようけあるんですわ。子どもたちも、そら生きていかんならんからね。……生きている証を誇示するようなもんですね。

杉本は、「考えてみると、私と年齢は十ほどしか違わんのです。兄弟だけで生きているものもおりましたしね、深刻でしたわ。それは私にとっては教育というもの、子どもとの関係というもの、戦争というものを考える上での大きな動機になりました」という。教師になってこういう子どもらと一緒に過ごすことを決意し、一九四六年、「京都師範浮浪児援護同志会」を立ち上げる。

青木嗣男と京都師範浮浪児援護同志会（児童援護研究会）

京都師範浮浪児援護同志会は、翌一九四七年、「京都師範児童援護研究会」と改称された。一九四七年八月に機関誌『こども』創刊号を出している。会員は、京都師範男子部二八名、女子部二二名の五〇名と記されている。活動経過をみると、北山寮、白川学園、積慶園《せっけいえん》、養育院、平安寮、和敬学園、徳義会、指月寮、近江学園などを訪問している。このうち、指月寮、積慶園、平安寮などでは学習指導、紙芝居や運動指導などを行っていた。

男子部の中心となっていた青木嗣夫は、京都師範学校予科に在学中、勤労動員で名古屋の住友の工場で兵器の製造にあたっていた。その間、幾多の空襲や艦載機による機銃掃射、そして大地震の中で生死の境をさまよい、京都に引き上げた。本科一年の一九四五年七月には、舞鶴海軍工廠《まいづるかいぐんこうしょう》に再動員され、そこで人間魚雷の製造に従事させられた。敗戦直前の七月二九日、作業開始まもなくB29の空襲にあった。同郷同級の友が直撃を受ける。荼毘にふしたのは青木ら京都師範の級友たちだった。敗戦となり、白布に包まれた友の遺骨を胸にした青木は、引揚げる西舞鶴の駅で、空襲で失った友への悲しみとともに、遺骨が「英霊」として遇されないことへの「激しい怒り」を感じていた。青木は、爆死した友の墓で、「君の分まで働く」と誓った（青木、一九九七、一九八九）。

京都師範学校へ復学後、「浮浪児援護同志会」に参加、施設を回っての支援や募金活動、あるいは少年保護学生連盟に参加する立命や同志社の学生と一緒に保護活動を行っていった。そのときの経験を、青木は次のように述べている。

時には、比叡山へ鑑別所に入っている子どもたちを遠足に連れていくこともありました。鑑別所とは非常に厳しい交渉をしながら学生が責任をもって比叡山へ連れていく。……それぞれが何人かずつ責任をもって担当するわけです。担当するわけですがいつどこで、とんで逃げるかわからんという状況なんですね。そういう子どもに対して、「逃げたかったら逃げえや」というふうな、勝手にせえという意味ではなく、どうしても逃げたいなら構わんという対応をした班は一人も逃げなかったわけです。ところが逃げてしまったら困るということで、きちっとしとる班からは逃げてしまう。例えば水汲みにいって、帰りにはそれをほったらかして大津まで駆け下りていって、そして東山トンネルの中で恐喝をして、大阪で捕まるという、そういう時間的にも速いスピードで子どもたちは動いていました。……管理をすると、自分の手から漏れていく。だけど子どもたちを信頼しながら「君たちは、そういうことをするとは思っとらんけど、出たいんなら出てもいい」という対応をすると、そういうことはないということも、この活動で学んだことの一つでもありました。

二　知的障害のある孤児たちと京都府立八瀬学園

知的障害のある孤児・浮浪児

戦災孤児や浮浪児たちは、一時保護施設としての伏見寮や積慶園に一時的に集められ、その後、別の施設に措置されることとなる。そのうち、知的障害のある子どもたちは、当時の「精神薄弱児施設」に収容されることとなった（京都市児童福祉史研究会、一九九〇）。京都の場合は、知的障害の重い子は京都市立醍醐和光寮へ、次に障害の中度の子は白川学園、そして軽度の子が京都府立八瀬学園に入所するということになっていたようである。それぞれの施設は、京都市、個人、京都府と運営主体が異なっていたが、知的障害の程度によって、それぞれ経験のある施設が選択されたと思われる。

醍醐和光寮は、一九三八年、救護法による収容施設として、伏見区の醍醐に創設された全国初の公立知的障害者施設であった。戦後直後の一九四六年、生活保護法による救護施設になり、一九四八年から児童福祉法による児童福祉施設が併設された。戦後の混乱が収まってくる、一九五一年春、醍醐和光寮を訪れた教師・山下佶は、「たいていの子が言葉を持っていません」と報告しており、障害が重い子どもを収容していたことがわかる（山下、一九五二）。

白川学園は、もともと、一九〇九年、京都府教育会によって障害のある子どもの教育施設として左京区の知恩寺《ちおんじ》境内に設置され、全国でも二番目に創設された知的障害児の入所施設となっていく。「白川学園小史」によれば、一九一二年に脇田良吉の個人経営となり、その後、北区鷹峯《たかがみね》に移転した。一九四八年に初代園長の脇田良吉が亡くなり、一九脇田悦三が園長となった。児童文化活動を進めていた脇田悦三は、一九四六年、一乗寺《いちじょうじ》に開設された浮浪女児の保護収容施設「北山寮」の初代寮長に就任し、戦争孤児のうち女児処遇の経験を持っていた。

京都府立八瀬学園は、比叡山の麓、京都市左京区八瀬野瀬（比叡山口、叡山ケーブルの入り口付近）にあった。戦前の八瀬学園は、一九三二年京都愛国婦人会によって創設された身体虚弱で養護を必要とする子どもたちを対象とした教育施設および幼稚園であったが、一九三八年に廃園となった。その場を利用して軍人援護会による傷痍軍人職業補導所がつくられ、敗戦直後の一九四六年、浮浪者収容対策のための八瀬山寮となる。一九四七年、八瀬山寮の成人収容者を京都洛北病院に移送し、黒羽根《くろはね》順《じゅんきょう》教寮長のもと児童収容保護施設として再発足し、続いて一九四八年、京都府立八瀬学園と改称し、児童福祉法に基づく「精神薄弱児施設」となった（京都府立桃山学園、一九七八）。このとき、黒羽根寮長は伏見第二寮長に転出し、後任園長として藤井義雄が就任した。藤井は、台湾で音楽教育の実績をもつ元教師だった。

それぞれの施設には、戦後直後には孤児や浮浪児が収容された。知的障害があったり、家族がなかったり、戦争で傷ついた子どもで不就学や学業の困難のある子どもたちが入所した。その入所が落ち着いてくると、家庭で養育が難しいなど、さまざまな事情のある知的障害児が入所してきた。八瀬学園は、一九五一年七月より、義務教育を保障するという名目で教員の派遣を受けたが、醍醐和光寮、白川学園については、就学猶予・免除に該当する子どもが入所しているということで教育が保障されることはなかった。

八瀬学園の保護と教育

八瀬学園は、開園当時、六九名を収容し出発したが、一九五二年三月末には児童数一〇〇名となった。一九五一年度、職員配置は五名で、児童福祉施設最低基準より著しく不足していた。その七月、ようやく府と市教育委員会により京都市立修学院小学校に籍をおく形で四名の教員の派遣を受け、それぞれに無給嘱託の発令をし、同時に、園長以下三名の府吏員を修学院小学校・中学校の無給講師嘱託として発令し、保護と教育の体制をとっていく（京都府立桃山学園、一九七八）。

一九五三年の保護教育の概況には、浮浪児および一般家庭にある児童で、素質、素行、家庭状況により収容が必要な「精神薄弱児」に対して、府内の相談所での相談鑑別を経て、適切な教育と保護を行うことを目的とすることがうたわれている。

在園した一〇〇名の児童は、知的障害、学習困難や不就学による学習の空白があり、あわせて多方面の困難があった。収容原因として分類したものをみると、「精薄（知的障害）」のみの理由が五名、それ以外は「浮浪（孤児、家出を含む）」三七名、「捨子迷子」二名、「教護（非行）」四名、「被虐待」三名、「保護不適」二一名、「生活困窮」二八名となっており、環境的・経済的・心理的に二重三重の負要因をかかえていたことがわかる。ちなみに、「知能指数」をあげてみると、三〇台一〇名、四〇台二一名、五〇台三一名、六〇台二三名、七〇台一一名、八〇台四名となっていた。これら多様な背景、生活経験、障害や学習の困難のある子どもたちに、八瀬学園では、養護、職業、教育の三つの部門でそれぞれ目標をたてている。

「養護」では、基本的習慣の形成、社会生活における態度の養成、レクリエーションをあげている。園長夫人は「おかあさん」と呼ばれ、カロリー計算や献立などの炊事を担っていた。レクリエーションでは体操と音楽を特に重視した。園長の藤井は若い頃からバイオリンが堪能で、職員・森川康雄はクラリネットを吹き、ピアノをかじっていた大村洋も加わり、一九五〇年には、藤井が中心となって、子どもたちの「リズムバンド」を結成。その後、ブラスバンドへと発展して、各地へ演奏出演するまでに発展していった。

「職業」では、独立自活するために必要な知識・技能を得させるとして、八瀬学園の近隣、また、市内の工場、個人商店等にその指導の場を確保し、理解と援助を得て運営し、あわせて職場開拓を行うとしている。

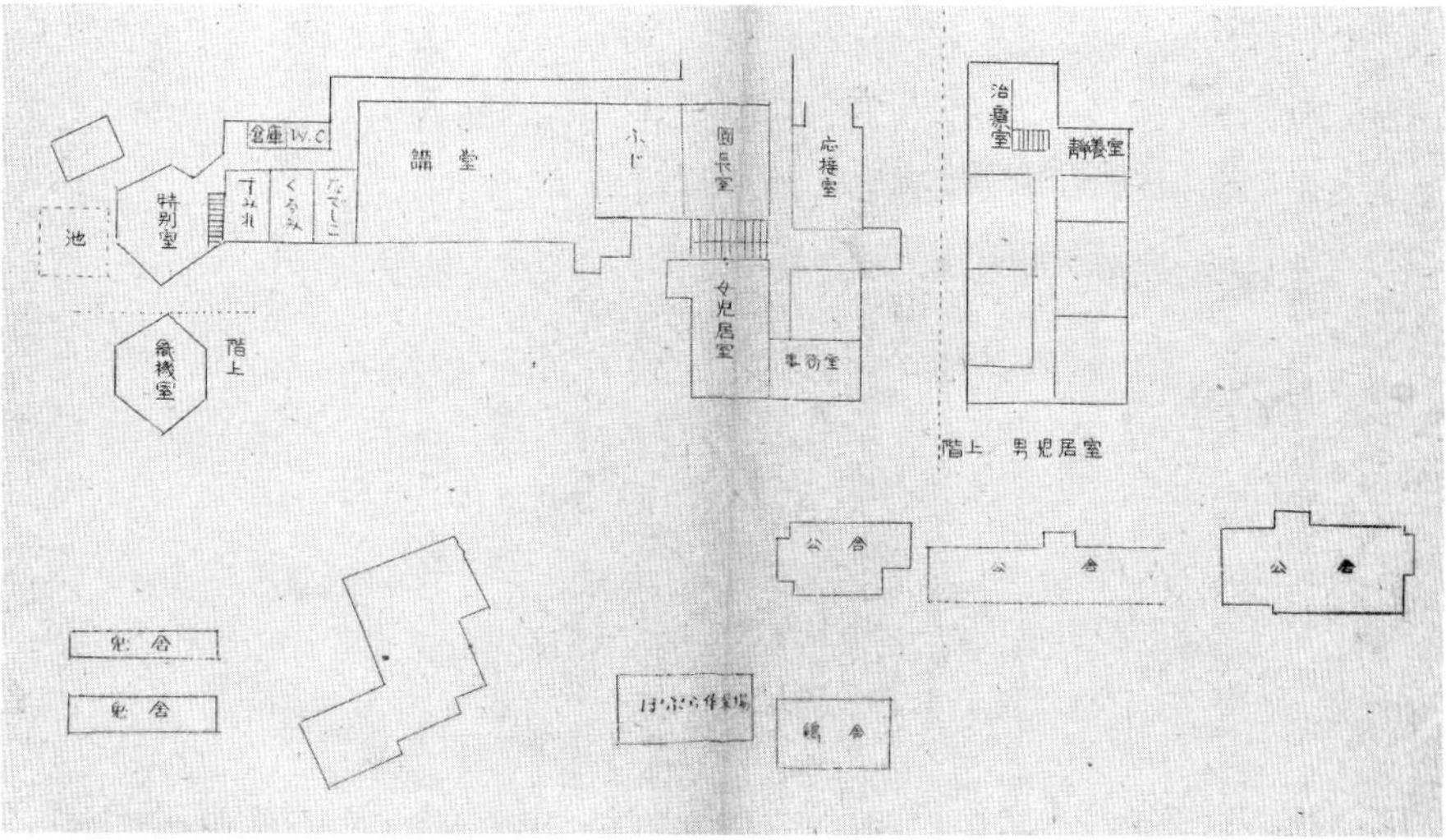

図1　京都府立八瀬学園　園内図

藤井園長は、「比叡（やま）のふところ—職業指導について—」を書いて、開園当時から八瀬学園の職業指導の努力の経過を語っている（藤井、一九五一）。

戦時中、営業放棄状態だった京福電鉄所有の遊園地には、メリーゴーランド、飛行塔、子供汽車などの大型遊具があった。長い交渉の末、ようやく経営と運営に関与できるようになり、学園児童の職業指導の場として整備していく。

藤井は、そこに遊びに来る一般の子どもとともに、園児が遊びの楽しさを感じ、さらには遊具の操作への興味を喚起させ、ひいては遊具操作を反復するなかで、「なすことによって学ぶ」ことができないか、それを働くことにつなげられないかと考え、実践を行っていった。切符売りをしている際に、新発行の五〇〇円札を偽札だといってお釣りを渡そうとしない園児を説いてなだめたなどといったエピソードは尽きない。

このような取り組みは、近接する気象観測所、科学館へも広げられた。また、農園、果樹園での農園芸にも着手した。八瀬を離れて、京都駅近くの丸物百貨店の遊園地、動物園内の遊園地にも園児は出向いて、働くことを学んでいた。

「教育」は、「精神薄弱児でも正常児同様、人間としての生活を求めている。またその生活を営むための教育を求めている」としたうえで、知能の程度に即して、個別指導によって、少人数の安定した環境で、基本的に反復練習と必要最低限度の学習指導を進めるとしている。

学級編成は、「特殊学級」一学級（相対的に障害が重く、年齢的にも幼い子ども：まず安心感を得させ不当な劣等感を除去し、生活に意欲を起こさせる）、促進学級三学級（入園前に教育の機会に恵まれなかった児童で比較的進歩の期待ができる子ども：学力別で低／中／高別で生活・学習・職業指導を行う）、職業学級四学級（生活年齢一五歳以上のもの、一五歳未満ですでに学習上の一定の到達があるもの：A学習指導をしつつ職業指導を行う、B学習上一定の到達に達したもので職業指導を中心とする、C外勤者で編成し、休暇中や帰園後等に指導、D女児の家庭科中心の職業学級）。それぞれのクラスには、「すみれ」「なでしこ」といった植物の名前をつけて、一九五二年より研究授業、授業公開を活発に行っていた。一九五三年には全国特殊学級研究協議会会場となり公開授業を行い、一九五五年には中部日本特殊教育研究会の会場の一つとなり各学級で公開授業を行っていた。

子どもと職員たち

一九五七年、藤井園長は児童相談所所長に転出し、二代目園長に錦織剛男が着任した。錦織は、戦時下社会事業協会の主事として、京都、高知で社会事業に携わり、敗戦直後の高知では、占領軍と行政との間に立って、屈辱的な体験をした。その後、京都府に移り、戦後京都府の福祉行政の再出発を担ってきた。錦織は一九五九年度末、桃山の地に移転するまで園長を務め、子どもと職員たちの成長のエピソードの記録を残している（錦織、一九六二）。

食糧費が一日一人当たり五〇円に満たない状況に錦織は頭を痛めた。当時、野犬狩りで収容された犬の食糧費が一〇〇円であったことから、「犬にも劣る施設の食糧費」とラジオで話したら、知事からおしかりをうけたという。それでも八瀬学園は、自然環境にめぐまれ、近隣地域の協力もあり、職業指導などの農園芸、山での果実の採集、ときには大雨で近くの養魚場から流れ出た鱒を園児らととり、食卓に上らせることもあったという。

テレビが家庭に入ってきた時代で、錦織が友人の新聞記者から問われるままにテレビがないことを言うと、それが記事になりテレビが寄付されてくるということもあった。子どもも、テレビを見たい一心で仕事や学習を頑張ったりするし、相撲力士の名前を覚えたり書いたりすることにもつながった。コマーシャルで見る「歯磨き粉」をほしがり、それを与えると喜んで歯磨きに励むこともあった。

ある日曜日、子どもたちが朝からテレビを見ていたので、夜の時間はテレビを切ると、「団交」といって園児たちが事務室にそろって集まってきた。「団交」という言葉もテレビで覚えたらしい。「これからの番組がおもしろいので見せてください」と要求するも、園長をはじめとする職員はいい返事はしない。そのとき、園児の代表格が、園長の膝に手を置いて「先生、子どもに夢と希望を持たせるのが先生の役目でしょ」――これまた、テレビで覚えた決めゼリフ。「ドヤ、まいったか」という顔に、園長の錦織は兜を脱いだのだった。

「カンノーちゃん」のこと

学園開園時から看護婦は一名配置され、他の指導員や保母、そして教員とともに住み込みで保護と教育を担っていた。子どもたちが回らぬ舌で「看護婦さん」とよぶのが、「カンノーちゃん」となって定着した。その「カンノーちゃん」が有田看護婦であり、冒頭で紹介した交声曲のきっかけをつくった人物である（錦織の記録では「紀子先生」となっている）。

職務柄、「病気を出すまいという配慮が、先生たちにポンポン当たる結果となって、煙むたい存在」で「ガチャガチャとうるさい」と書かれているが、深い愛情をもつ「肝っ玉母ちゃん」のような存在であった。錦織の記録には、「カンノーちゃんと性教育」としてまとまってその奮闘ぶりが紹介されている。

次郎は、裕福な家に高齢の出産で生まれて来たダウン症の子ども。兄と姉がいてずっと年が離れてでき、戦中ということもあって夫婦は流そうとしたが、手術してくれる医者もいないので、生まれて来たという。父親は次郎に障害

図2　八瀬学園の子どもたち（リズムバンド）

があるとわかってショックですぐに亡くなってしまう。兄と姉は次郎が原因で結婚が遅れたという。母親は心を痛めた末、八瀬学園に入れた。次郎は、身体が弱く、知的障害も重かった。

カンノーちゃんは、いつも一人ぼっちで遊んでいる次郎のことを気にかけ、栄養品を加給して、変化を期待した。そうすると、徐々に次郎は、わけのわからないおしゃべりをするようになり、これまで立って降りられなかった階段を立ったまま降りてくるようになる。やがて思春期に入り「夢精」の始まった次郎。男性職員がその話をしているところに新米の保母が「夢精って?」と尋ねて顔を赤らめる一幕もあった。

新米保母の、性に関する戸惑いを受けとめるのも、カンノーちゃんの役割だった。ある日、子どものおちんちんが赤く腫れていて、カンノーちゃんのいる医務室に連れてこられた。これは園長先生に出陣してもらって子どもに指導をしなければということになった。

「山口君のオチンチンが、こんなに腫れているんです」

「うーん、これはひどい」

「山口君、みみずに小便をかけたんだな。あちこちで小便するからそんなことになるんだ」と園長が言うと、そこにいた他の子どもたちが、

「ちがう、先生。みみずやあらへん。マス（マスターベーション）で腫らしたんや」

医務室に連れてきた新米の先生、怪訝な顔をして一言、

「園長先生、マスってなんでございますの」

園長もカンノーちゃんも吹き出したくなったという。カンノーちゃんは、子どもたちの成長とともに、こうした若手保母・指導員、先生たちの成長をも見守っていた。

子どもたちの成長とその後

一九五一年、「親探し運動」が起こり、その中で、親子の再会を果たした卒園生もいた。

戦中、子どもが生まれると間もなく妻をなくし、敗戦後生活が苦しく子どもを預けた父親が、九州から伝手《つて》をたどって、八瀬学園にきた。幸い、卒園生の集いの記念写真の中に、自分の子どもの姿を見出すことができた。

この子は、一九四八年六月、京都駅で浮浪していたところを七条《しちじょう》署に保護され、学園に収容されていた。中学校を卒業して一五歳で卒園。その後、学園生を受け入れてくれる職親のところに住み込みで働いていた。

さっそく、その家にいくと、その職親は矢継ぎ早に父に質問する。子どもが手のかかる間は覗きにも来ずに、就職して給料をとるようになると、手のひらをかえしたように名乗り出てくる「親」もいて苦い経験をしていたからであった。

その卒園生の場合は、父親にとっては涙の対面となったのだが、父親の記憶が薄い子どもは淡々としている。ようやく、母親の話が出たところで、感情を揺さぶられ、職親ともども、父子が手を取り合って涙することとなった。

錦織園長が八瀬学園に戻ったとき、このことを聞いた園生が、「先生、僕のお父さんも探してな」とお願いする。「そうだ、今度は君の番だよ」と応えるものの、「大阪で爆死したらしいこの子の両親のことをどう話したものか」と悩みは深いと錦織は書いている。

学園の代表格で「金時」とよばれた子どもは、大阪の戦災で行方不明になった母親のことが脳裏から離れなかった

という。錦織は、職員・森川康雄が、その子を伴って記憶を辿りながら大阪の町を探し歩いたこと、結局、母の行方はわからず、「生きていれば、お前さんに会いに来るよ」と慰めたこと、そして、その悲しみを取り除くには、適齢になったら良い配偶者を見つけてやること以外にないと思ったことを記している（錦織、一九七二）。実際、この「金時」は、八瀬学園から桃山学園に指導員として移った案《まつ》見《み》守正の世話で結婚して家庭を築いたという。

卒園生の一人Nさんは、五〇周年記念誌に、八瀬学園での生活とその後のことを寄稿している（社会福祉法人京都府社会福祉事業団・桃山学園、一九九八）。

戦争中両親を亡くし、脳梗塞で倒れた祖父の介護をしていたNさんは、民生委員の手によって児童相談所を経て、開園したばかりの八瀬学園に入園した。一一歳になろうとしていたが、不就学となっていた。

八瀬学園では、年齢相当の学習についていけず、六年生まで二年生程度の学習の学級にいて、四年目からは職業学級に入り、その後、外勤者として実習に行っていた。比叡山の観測所、八瀬遊園での勤務をし、夜には夜学で珠算《しゅざん》などを教えてもらった。一八歳で卒園、その二年前から外勤で勤めていた木工所へ就職、就職後は関連会社に移るとともに、同窓生・卒園生と結婚し、家庭をもち、定年まで勤め上げた。

八瀬学園の子どもたちは、措置費や教材費は貧しく制約された中での生活と学習ではあったが、自然豊かな中で、職員の愛情と熱意に包まれて育っていったことがわかる。しかし、卒園後の生活はかならずしも順風満帆だったというわけではない。職場での不適応、喧嘩、火事を起こした卒園生もいた。卒園生の多くは支える家族を欠いていた。その生活は、雇用主の理解によって支えられており、学園のアフターケアを強め、雇用主と連携を密にしなければならないことが強調されていた。しかし、一〇人に満たない職員で、それを行っていくのは容易なことではなかった。特に、女子の職業教育は、外勤や実習の場の確保に困難があり、卒園後の職種が女中、子守や手伝い程度に限られるなど課題は多かった。

本章の冒頭に紹介した「墓標のない死―清子に捧ぐ―」には、八瀬学園で育まれ、「京都駅のみなし児の／悲しい影は消えうせて／見事に育った美しい清子」とうたわれるまでに成長し、卒園後、懸命に働き生活を営むものの、しかし貧困と病苦、そして孤独に苛まれていく姿があった（野田、二〇一二）。戦争孤児で知的障害のある成人女性が暮らしを維持するにはあまりに過酷な社会であった。

三　京都の障害児教育と八瀬学園

京都府・京都市の障害児教育の組織化

一九五〇年前頃から、京都府・京都市の障害児教育の組織的な設置が始まっていく。

京都市内では、一九四八年四月、実験学校であった生祥《せいしょう》小学校にはじめて特別学級が設置される（担任：熊谷君子）。翌一九四九年五月、校区に積慶園のある仁和《にんな》小学校に特別学級が設置され（担任：森脇功）、九月には崇仁《すうじん》・正親《せいしん》・小《お》川《がわ》・嵯峨《さが》・砂川《すながわ》の五つの小学校に設置された（京都精神薄弱者育成会、一九六九）。また、一九五〇年四月には、明徳小学校に設置され、戦争孤児と関わった経験をもつ、杉本源一が担任となった（杉本、二〇〇四）。

また、京都府下では、一九五一年四月、加悦《かや》町立桑飼《くわがい》小学校に特別学級が設置され、青木嗣夫が担任になった。その後、青木は、一九五四年には宮津《みやづ》小学校に転勤し、特別学級担任となって京都北部の障害児教育運動の中心となっていく。青木は、師範学校卒業後、京都師範児童援護研究会での近江学園、白川学園や八瀬学園など訪問活動の経験をもとに、「丹後学園をつくろう」という志をもって、教師となっていった。その志が、特別学級担任に繋がり、特別学級の増設から、養護学校づくりへと発展していった（青木、一九九七）。

杉本や青木が率先して特別学級の担任になっていったのは、戦後直後の戦争孤児や浮浪児への取り組みを行っていた経験があったことも大きな動因となっていた。

八瀬学園も会場校として授業公開をした全国特殊学級協議会、中部日本特殊教育研究会の開催を背景として、小学校・中学校での特殊学級（特別学級、障害児学級ともいわれる）の設置とカリキュラムの自主編成、教育実践が積み重ねられていく。

障害児教育の実践とカリキュラム

八瀬学園での障害児教育の取り組みは、知的障害のある子どもたちへの理解の拡がりと教育の充実を訴えていた。修学院小学校に籍をおいて八瀬学園に派遣された四人の教員の中に棚橋啓一と窠見守正がいた。八瀬学園では、嘱託として児童指導員を兼務して指導にあたり、職員宿舎で寝泊まりして、子どもたちと生活をともにして学習指導をした。

一九二七年、京都生まれの棚橋は、旧制第三高等学校在学中に動員で行った大阪の軍事工場で空襲にあい、それをくぐり抜けた。戦後、旧制三高の生活に悩み退学。京都府などで働くが、「子どものことがやりたい」と思って、府庁に掛け合って、教員として八瀬学園に入った。八瀬学園では、浮浪していた子どもが屋根裏に隠していた匕首《あいくち》などの「宝物」を見せられ、話を聞かされたという。ウサギや山羊を飼い、小屋を作り、子どもたちと世話をしたこと、カリキュラムの自主編成、公開研究授業があったことを述べていた。

一九五五年一〇月一二日、一三日の「学習指導案」が残されている。おそらく、中部日本特殊教育研究会の際の公開授業の学習指導案であろう。すみれ：図工科・自由画（村瀬敏子）、すみれ：お遊び（大林美智子）、なでしこ：職業科・洋傘作業（高橋房子）、くるみ：図工科・ミニチュールの作製（平林弘）、どんぐり：工作（二日）・木工・兎小屋の名札（棚橋啓一）、いちょう：職業指導・移植・育雛（窠見守正）、ポプラ：職業指導・製縄（加藤良祐）、ふじ：職業指導・洋傘加工（植木和子）。それぞれの指導案は力が込められたものだった。

棚橋は、「カリキュラムは自分たちでつくりました。教員と指導員がいて、協力して自主運営していました。忙しかったですが、楽しい充実した時間をすごしました」と回想していた（本庄、二〇一九）。

八瀬学園のその後

三代目園長の錦織のときに、学園建物の新築移転が計画に上った。京都府下南部の城陽が第一の候補にあがったが、住民の反対にあい頓挫。蜷川《にながわ》知事の「お声掛かり」もあって、桃山御陵の南側、桃山学園の隣接地と決定した。桃山学園は、一九五四年三月に養護の必要な子どもで、とくに虚弱児を収容する養護施設として発足していた。当時の桃山学園には、知的な遅れのある子どもも在園していた（一九五七年三月で、三歳から一九歳の子ども七四名、知能指数で、七〇台までが一七名、八〇台二九名、九〇台以上が二八名となっていた）。

八瀬学園の新園舎として、一九五九年一二月、桃山学園の隣に新築の赤い屋根の白い建物が竣工した。一九五九年度末、八瀬学園の子どもと職員は、山羊、犬、伝書鳩とウサギとともに、八瀬の地に別れを告げた。子どもたちは、新しい場所と建物に引っ越し、「先生、テレビよく見えるわ」と喜んだ。しかし、比叡山の広い地域を学園の庭として近隣の人たちとも交流してきた長い歴史は、子どもの中に蓄積されていた。数ヵ月後に、「子どもたちの元気がなくなりました」と一人の職員がぽつりと言ったのが、錦織園長の脳裏に残ったという。

一九五九年度末に印刷されたと思われる八瀬学園要覧を見ると、在園児七七名中、両親健在の園児は一七名、片親等が四二名、両親がないもの一八名であった。知的障害のあった孤児は少なくなかった。一九六〇年度、八瀬学園は桃山学園と合併し、新桃山学園となる。そこに、八瀬学園の実践を長く担い、舞鶴に異動していた森川康雄がもどる。教員で指導員を兼務していた案見守正は府の指導員として新しい桃山学園に携わることになる。一方、園長だった錦織は婦人相談所へ所長として異動し、棚橋も京都市内の障害児学級担任として転出し教育運動を担っていくことになる。

四　障害児教育・福祉のつながりと広がり

再建のプロセス

障害児教育の戦後の再建のプロセスは戦争の惨禍を社会としてどのように受けとめていったかを問うている。放置され、追い立てられ、そして取り締まりの対象となったのが孤児や浮浪児であった。戦争のもとで家族を失った子どもたちであり、その中には障害のある子どもたちもいた。さまざまな事情で社会に放り出された子どもたちを受けとめた戦後の障害児教育の再出発も、この戦争の惨禍を抜きにしては語れない。

「この子らを世の光に」という言葉を残し、知的障害教育福祉の父といわれた糸賀一雄《いとがかずお》の創設した近江学園は、もともとは知的障害のある子どもたちと戦争孤児が手をつなぎ「腹のくちくなる」学園として創設されたものだった。戦争を体験した人たちが、その苦い経験をもとに戦後の苦渋を背負ってきた子どもたちとともに障害児教育を創ってきた。一九六五年、糸賀一雄は、近江学園の二〇周年を前に、『この子らを世の光に』を上梓し、その中で、「結局、近江学園が、『人』をつくり、また『人』につくられ、そして子どもたちにも恵まれた」と記していた（糸賀、一九六五）。

「関西精神薄弱児研究会」

京都の八瀬学園と比叡山を挟んだ滋賀の地から南へいった大津南郷《おおつなんごう》に近江学園はあった。一九五〇年代には、八瀬学園の藤井園長と近江学園の糸賀園長は、「関西精神薄弱児研究会」（会長糸賀一雄）を組織して、定期的に意見交換をしていた。その研究会には、京都、滋賀、大阪、兵庫の障害児教育の関係者で、近江学園、信楽寮、八瀬学園、京都医療少年院、京都少年鑑別所、児童院、滋賀児童相談所、大学の研究者等が参加していた。そこでは、障害児教育の充実、女子の施設の設立、育成会の発足支援、パール・バックの招致などの企画を議論していた。近江学園や八瀬学園において、知的障害のある子どもたちの教育と福祉の実践を担っていった人たちは、一九六〇年代には権利としての障害児教育を追求していく。

一九六〇年代末、京都府では、「一人のおちこぼしもなく、すべての子どもにひとしく教育を保障する」ことが、障害児教育の実践と運動のなかで掲げられてきた。青木嗣夫を中心として京都府北部の養護学校づくりの運動が地道に進められてきた。戦争孤児の施設・伏見寮を出発点として児童福祉行政畑を歩んできた佐々木元禧は京都府児童婦人課長として京都府向日《むこう》が丘《おか》養護学校と併設の京都府立向日が丘養育園の建設を担うことになる。一九七〇年には、京都府立与謝《よさ》の海《うみ》養護学校が本格開校する。一九七一年に府会議員になった杉本源一は府議会で障害児教育の振興を訴える。京都市の棚橋啓一も障害児教育の実践と運動、地域の子ども会を盛り立てていく。京都府、京都市で、どんな障害の重い子どもにも教育を保障する学校と地域づくりが進められていくことになる。新桃山学園は、障害の重い子どもたちの比重が高まっていったが、従来の教員派遣から発展し、一九七二年に京都府立与謝の海養護学校桃山分校が設置され、一九七四年には京都府立桃山養護学校が開校された。

おわりに

戦争孤児だった人たちは、その凄惨で、過酷な過去を語りたがらない――思い出したくない心の傷なのである。また、障害があればなおさらその経験を語ることは難しかったことは想像に難くない。戦後直後から戦争孤児と関わった人たちは、親を奪われ、捨てられ、放置され、居場所をなくし、無言で逝った子どもたちのことを思い、一人のおちこぼしもなく、すべての子どもにひとしく教育と生活を保障することへの決意を込めて生涯を送ってきた。それが、今日の障害児教育を生み出してきたといえよう。ここに紹介してきた教育や福祉の実践や運動に生涯を捧げてこられた人たちは、すでに鬼籍に入られている。

八瀬学園で知的障害のある戦争孤児たちの生活と学習を支えた棚橋啓一さんは、二〇一八年、九〇歳のとき、『やっちゃんと三人のお母さん—ある中国残留日本人孤児のお話—』という絵本を仲間とともに作成していた。その年、仏光寺大善院で行われた京都戦争孤児追悼法要の際に、棚橋さんは自らの戦争体験と八瀬学園についての証言をした。知的障害のある孤児たちが収容された八瀬学園から障害児教育の実践をはじめられたことは伺ったが、その棚橋さんも、二〇一九年七月九一歳でお亡くなりになった。棚橋さんの八瀬学園の孤児たちへの思いと重ねて、最晩年の中国残留日本人孤児への取り組みを聞くことは不覚にもできなかった。記してご冥福をお祈りするとともに、棚橋さんたちの思いを心に刻みたい。

参考文献

青木嗣夫「証言・子どもと共に生きて」（一九八九年七月八日、「青木先生の退職と全快を祝う会」での講演）
青木嗣夫『未来をひらく教育と福祉—地域に発達保障のネットワークを築く—』文理閣、一九九七年
糸賀一雄『この子らを世の光に』柏樹社、一九六五年
京都市児童福祉史研究会編『京都市児童福祉史百年史』京都市、一九九〇年
京都師範児童援護研究会『機関誌　こども』創刊号、一九四七年八月
京都精神薄弱者育成会編『道しるべ』一九六九年
京都府立桃山学園『三〇年の歩み』一九七八年
京都府立八瀬学園『保護指導　要覧』（謄写版刷）、一九五五年一〇月
京都府立八瀬学園『学習指導案』（謄写版刷）、一九五五年一〇月

京都府立八瀬学園『保護教育概況書』（謄写版刷）、一九五八年一〇月
京都府立八瀬学園『精神薄弱児施設　京都府立八瀬学園　要覧』一九六〇年
佐々木元禧「「統合教育」の意義と諸実践」（大塚達雄・黒木保博編『京都発障害児の統合キャンプ』ミネルヴァ書房、一九九四年）
佐々木元禧「命拾いと人間性の蘇り―終戦日前後―」（野上芳彦編『私たちの終戦記念日』青也コミュニケーションズ、一九九五年）
社会福祉法人京都府社会福祉事業団・桃山学園編『創立五〇周年記念誌　ももやま』一九九八年
白川学園、白川学園小史（http://shirakawa-gakuen.jp/shirakawa/enkaku.html,二〇二〇年一月三〇日閲覧）
杉本源一談・俊正和寛編『洛北に春を呼んだ男―源さん物語―』私家版、二〇〇四年
錦織剛男『やせぼっこ』圭文社、一九六二年
錦織剛男『八瀬ぼっこと先生たち』インパルス、一九七二年
野田寿子『野田寿子全作品集』土曜美術社、二〇一二年
藤井義雄「比叡（やま）のふところ―職業指導について」（三木安正編『遅れた子どもの職業教育』牧書店、一九五一年、京都府立桃山学園『三十年の歩み』一九七八年、所収）
平和・原発・くらしを考える会編『やっちゃんと三人のお母さん―中国残留孤日本人孤児のお話―』ウィンかもがわ、二〇一八年
本庄　豊『戦争孤児―「駅の子」たちの思い―』新日本出版社、二〇一六年
本庄　豊『優性思想との決別』群青社、二〇一九年
山下　佶「白いよだれかけの子」（『昭和三七年度京都市精神遅滞児教育研究会研究報告』第一一号所収）

第三章　大阪の戦争孤児

――生活と教育――

赤塚康雄

はじめに

「大阪駅付近の戦災孤児は、火ばしのように細い足でよろよろと歩きながら、引き揚げ軍人の残パンをねだっている。そしてその付近には、毎朝のように三人、五人、一〇人と餓死体《がしたい》が横たわっている」。敗戦から二ヵ月経過した一〇月中旬の大阪駅前の光景である。大阪駅界隈視察の中井大阪市長に同行した中馬《ちゅうま》馨《かおる》市民局長（一九六三年市長）の目に入ったのだった。

戦争孤児の保護に当たっていた五十嵐《いがらし》兼次《けんじ》（市民案内所長）は、たまらず市長に訴えた。「なんの罪もない子どもは、あっという間《ま》に家を、肉親を失ってしまったんです。自分が生きるためには、悪いことをするしかないんです。できない子どもたちは、死んでいくんです。この子どもたちに、生きる希望を与えたいんです」（五十嵐、一九八六）。

大阪駅前のわが家で、印鑑表札業を手伝う若い女性は、「一〇歳前後の子どもたちがずらっと並んで靴みがきの商売をしているありさまは、おとなたちの無責任さを示すものであった。勝手に生んで、自分の都合で戦争し、そして敗けたら焼跡にほうり出す――」と怒り心頭である（大阪・焼跡闇市を記録する会、一九七五）。

敗戦直後の現実が伝わってくる。次いでこの子どもたちに明日はあったのか、という思いが走った。国は〝戦争終わり〟と言えばそれで終われるが、市民は終われない。生きるための戦争が続くのである。戦争とはそういうものだ。そうした意識で大阪の戦争孤児たちの生活と教育を追究していきたい。以上を受けて本章の構成および要旨は、およそ次のようになる。

まず、大阪大空襲から入りたい。当時、孤児となった学童は「集団疎開」先にいるか、大阪市「残留」中かのいずれかであった。残留の子どもは空襲罹災のその瞬間から家、親を失い、一人で生きて行かねばならない。それだけに情報は少なく、わずかに大阪市立郊外学園（虚弱児童のための健康回復施設）に救護された子どものみ、人数として明らかになるので、その実情から探ることになる。

集団疎開先の子どもに悲報が伝わったときの心情が後年、記録されるケースがある。集団疎開組は、四〜五〇歳になったころ思い出集を作成するからである。それらを発掘収集してそこからどれだけ引き出せるかが鍵となる。

次いで集団疎開から帰阪後の孤児の保護について追究する。大阪市の教育行政施策として、孤児および引取人のない子どもは大阪駅から郊外学園の一つ、長谷川《はせがわ》郊外学園へ直行、保護することが決められていた。したがって長谷川学園へ入った孤児に関する情報は比較的に多く、彼らの生活と教育はとらえ易いはずである。

問題は孤児になったことがわからないまま大阪駅に到着したケースおよび混迷極りない敗戦直後の大阪の状況である。連絡、通信が取れず、疎開現地に孤児のみ止め置かれる混乱も起きていた。こうした事態は、文集から明らかになるが、そこでどうしたのか、その処理を含めて追究するのも本章の役割である。

三番目に街頭に出てきて、闇市《やみいち》、ターミナル周辺で過ごす子ども（孤児もいれば家出もある）の問題を取り上げる。最初は保護、ついには取締りの対象になるが、この措置によって郊外学園の児童が急増する。

世間やジャーナリズムから、「浮浪児狩り」と呼ばれて、入園してきた子どもたちである。彼らの生活と教育を助《すけ》松《まつ》郊外学園はどう受け止めたのか、を明らかにしたい。

最後は、敗戦から一年半後に成立した義務制の新制中学校に関わる問題である。それまで特権層の教育だった中等教育が大衆化されたが、戦争孤児は大衆になり得たのか。そのためにどのような手だてが必要であったのか、戦争孤児の中等教育を保障する学校として設置された大阪市立郊外羽曳野《はびきの》中学校を一例に検証する。さらに教育実践にも踏み込みたい。

民間の児童保護施設に入所した孤児が圧倒的に多いが、そこでの生活はどうだったのかも気にかかるところである。ここでは、博愛社《はくあいしや》と高津《こうず》学園を取り上げるつもりである。

以上がおよその構成と要旨であるが、これを行論するに当たっては可能な限り、戦争孤児本人および彼らを取り巻く人びと、たとえば、郊外学園や児童保護施設の園長、教師、寮母、保護収容にあたった大阪市立市民案内所（のち梅田厚生館）の所長などの生《なま》の声を引用したい。そのためには、彼らの声を綴った書籍、文集、新聞、創立記念誌等をどれだけ収集できるかが鍵を握る。

一　大阪大空襲

大阪の戦争孤児を生み出した直接の要因は、B29一〇〇機以上による一九四五年三月から敗戦前日に及ぶ八回の大阪大空襲であった。それは集団疎開先で生活していた児童であると大阪市内に残留した子どもであるとを問わなかった。

「残留児童ハ罹災者ニシテ調査不能」

最初の大空襲は一九四五年三月一三日夜半から翌一四日未明まで続き、罹災したほとんどの学校は、大阪市教育局への報告書に「残留児童ノ全部ハ罹災者ニシテ（略）調査不能」（東区久宝《きゅうほう》校）、「家庭ト共ニ離散シ学校ヘノ連絡ナク調査不能」（浪速《なにわ》区南栄《なんえい》校）と記載せざるを得なかった。

南栄校教頭の手記に「今までの人家密集地帯は跡方《あとかた》もなく（略）このあたりに住んでいた子どもたちはどこへ行ったのか、避難民の中をあちこち尋ね探したが、ひとりとして見当らなかった」（大阪市教育センター、一九八五）とある。ちなみに同校は、大阪市国民学校初等科（以下小学校）二六〇校中、唯一集団疎開できなかった学校である。集団疎開には一人一月一〇円必要であったし、布団も持って行かなければならなかった。部落差別と貧困から準備できなかったのである（赤塚、一九九六）。

市立郊外学園に収容された残留罹災児童

大阪大空襲は、このあとも六月一日、七日、一五日、二六日、七月一〇日、二四日、敗戦前日の八月一四日と続き、そのたびに孤児や行き場のない子どもが生れた。これらの児童を大阪市はとりあえず、市立郊外学園で保護した。郊外学園は、大阪市小学校の病・虚弱児童の健康回復施設なので、大阪市郊外の海辺や林間に設立されていた。

長谷川郊外学園（大阪府柏原《かしはら》市）は、「戦禍ニヨル罹災学童ヲ収容セルコト左ノ如シ」として三月二〇日～四月三〇日間に六七人、六月三〇日に五人を記録し、六甲《ろっこう》郊外学園（兵庫県西宮市）は四四人の「罹災児童救護」を三月二〇日から開始している。さらに助松《すけまつ》郊外学園（大阪府泉大津市）でも、六月に五人を救護した（大阪民衆史研究会、二〇一二）。いずれも、大空襲に即応した収容であった。

なかには、三月一九日に北陸本線金沢駅構内で保護され、同市の施設梅光園《ばいこうえん》に収容された住吉《すみよし》区六年生岡本清のような事例もある。彼の証言によれば、逃げ遅れた家族が爆弾の直撃で眼の前で亡くなった。かつて父に連れて行ってもらった知人の家を頼って金沢まで来たという（『北国毎日新聞』一九四五年三月二〇日）。

集団疎開先の児童へ家族全滅の知らせ

「戦争に勝って帰ってくる時は〝日の丸の旗〟で（略）〝バンザイ、バンザイ〟と迎えてもらえるのだから、その時まで頑張るのですよ」の声に送られて一九四五年四月、三年生になったばかりの吾妻《あずま》小学校（港《みなと》区）立木喜代乃《たちききよの》は滋賀県下へと勇んで疎開したが、一家全滅の悲報はすぐに届いた。そのときの様子を後年、次のように記している。「六月一日の大阪大空襲のことは、私たちの間に電撃のように広がりました。家族全員が全滅した家が二軒あるという噂に子どもたちはおののいていました。空襲にあった日の夕陽、次の日の太陽はいつもより大きく真赤なのだと子どもたちは言っていました。（略）何日か後、私の家が全滅したその一軒であること、母も妹も、祖母もみんな死亡したということを知らされました」（学童疎開展実行委員会、一九九〇）。このとき、母二八歳、妹五歳、父戦死。最後に「あれからずーっと八歳のままだったようにも思えてきます」と綴っている。

愛媛県下に集団疎開中の此花《このはな》区桜島《さくらじま》小学校五〇人余の児童中、三人が七月二四日の第七次大阪大空襲で孤児になったことを『愛媛新聞』は二日にわたって報じた。その一人、五年生の島田章二については、八月一九・二五両日付で「父には早く死別、母子二人で暮していたが学童の集団疎開後、その母は不幸、爆弾に倒れ、同君は天涯無縁の〝孤児〟となった」と境遇を紹介したうえ、彼の「母さんだけではなく兵隊さんを始めとして多くの人々がなくなられました。自分だけのことで泣き悲しんでいてはその人たちに対してすみません。僕もたった一人となりましたが、先生のお教へをよくまもり友達とお互いに励ましあいながら立派な人間になります」との健気な声を伝えている。この児童がおかれた事態を理解するには本来もう少しの時間を必要としたのであろう。

大阪第一次大空襲の焼夷弾攻撃で一家五人全員犠牲となった久宝校四年中村浄子《きよこ》は、迎えの人に連れられて疎開先から帰阪したが、「四天王寺《してんのうじ》でもう骨箱《こつばこ》に納まっていた家族と対面し、亡くなったことも呑み込めないまま、前年九月からの八幡《はちまん》（滋賀県近江八幡市）の集団生活に戻る」しかなかった（国民学校と学童疎開を考える会編、二〇一九）。

二　集団疎開地からの帰阪

日本の敗戦によって、集団疎開は解散。疎開していた人々は大阪へ戻ってくる。しかし、戦争孤児には帰れる家はなく、家族もいない。彼らはどのように処遇されたのであろうか。

集団疎開先の孤児と引取人なき児童

文部省から各地方へ「疎開学童ノ復帰ニ関スル件」が通知されたのは、敗戦から一ヵ月以上経過した九月二六日であった。都市は焼野原であり、食料事情、治安情況を考えれば、復帰を決断できなかった。

何よりも、孤児をどうするかが大問題であった。だからこそ、復帰指令よりも先の九月一五日に彼らの生活と教育を守るための「戦災孤児等集団合宿教育所」設置を地方に要請したのである（石川、一九五八）。これを受けて、大阪市教育局は、孤児等を郊外学園に受け入れることを決め、そのための該当児童数調査を行った。その結果、戦災孤児五一人、引取人のいない児童九二人、計一四三人に上ることが明らかになった（表1）。あまりの人数の多さに教育局は民法上の扶養義務者の有無について再調査を指示したほどである。

長谷川郊外学園で保護開始

教育局から一〇月八日付で各学校長に「戦災孤児市立郊外学園ニ収容ノ件」（大阪市教育研究所、一九七八）を通知した折には、疎開先の孤児は長谷川・助松両学園収容だったが、扶養義務者調査の結果、該当児童が減少したためか、長谷川郊外学園のみに変更された。

特別列車を編成しての他府県からの疎開学童引揚げ第一陣は滋賀県下の松枝《まつがえ》・曽根崎《そねざき》・菅北《かんぼく》三校（北区）からで、一〇月一七日正午大阪駅に帰ってきた（『毎日新聞』一九四五年一〇月一八日）。松枝校に孤児一人含まれていたことが、

表1　学童集団疎開先の大阪市各区別，学年別戦争孤児数（1945.10.9，大阪市教育局調）

	西成区	東住吉区	住吉区	阿倍野区	城東区	旭区	生野区	東成区	東淀川区	西淀川区	大淀区	浪速区	南区	天王寺区	大正区	港区	西区	東区	此花区	福島区	都島区	北区	計
一年												1						1					2
二年											1	1	1								1	2	6
三年	2										1	8						2			5	4	22
四年	2		1					1				8	4			4	1	2	3		3	3	32
五年	3		1			1	1					2	2	2	3	4	1	4	8		8	4	44
六年	4		1									5	2		1	5			3		4	11	36
不明																						1	1
計	11		3	0	0	1	1	1	0	0	2	25	9	2	4	13	2	9	14	0	21	25	143

（出典）大阪市教育局「戦災孤児並ニ引取人無キ児童（但シ疎開児童中）集計」から作成.

（注１）戦争孤児143人中，戦災孤児51人（男30，女21），引取人のいない児童92人（男55，女37）.

（注２）戦局を反映して四国地方への疎開が不可となり，1945年度，大正・港・此花・西淀川区の学校は滋賀・石川・島根県下疎開校に学籍を移し，集団疎開を実施した（転籍疎開）ので孤児数も転籍先で扱われたと考えられる.

同校『学校沿革誌』（統合先の堀川《ほりかわ》小学校保存）一〇月一七日付記載「疎開引上　午後一時帰校　引取人ナキ者　長谷川学園ニ送ル」から明らかになる。

　孤児が自分の置かれた状況を知らされるのは大阪駅であった。そのときの思いを、学校名不詳だが六年の山口政春は「皆が兄さんや父母につれられて家に帰って行くのに、僕には誰一人として迎えに来てくれる人がなかった。（略）一人泣けて茫然と見送るばかりだった」（大阪市立郊外羽曳野中学校、一九五二）と綴っている。

　彼らを迎える学園側の様子を、長谷川郊外学園長山根《やまね》敦美《あつみ》は「昨日は三人、今日は五人とリュックに柿や栗などの土産をつめこんだ孤児たちが、受持先生に連れられて無邪気に引揚げて来た。（略）中には自分が孤児になった事を知らぬ者がいて、またしても涙をそそられる事が度々であった」（大阪市立郊外羽曳野中学校、一九五二）と述べる。文中の〝孤児になった事を知らぬ者〟の原因は、西区九条中校の孤児の例では、出迎えに島根県まで出向いた集団疎開委員（保護者会）も教員も誰一人、孤児になった子どもに真実を告げる勇気が出なかったからという（赤塚、一九九五）。

集団疎開の引揚げは、島根県の一一月中旬を最後に終了した。長谷川学園へ収容された孤児、引取人のない児童は八三人となった（大阪市役所、一九五八）。

戦争孤児保護に伴う郊外学園の改組

長谷川郊外学園では前記八三人の子どもたちを保護したその日から生活と教育を見ていくことになったが、経費的にはさまざまな工夫をしなければならなかった。たとえば、集団疎開費から食料費、衣服費を充当したり（大阪市役所、一九五八）、一二月以降は戦時災害保護法（一九四二年施行）による扶助料（一人一日一円）にも頼るなどである。翌年一月からは食料費全額（一人一日七五銭）免除の措置もとられた（大阪市教育研究所、一九七八）。

しかし、学園の児童数は、その後引取人が現われるなどで次第に減り、一一月末には二八人まで減少する（大阪市役所、一九五八）。その代りに、翌年から始まった外地引揚の孤児が入所してくる。「満洲」からの引揚第一船が博多港に入ったのは四月七日であった（『朝日新聞』一九四六年四月八日）。本件に関し、山根園長は「浮浪児にならぬ先に引取らんものと（略）佐世保、長崎に行って引揚船の着くのを待って孤児を連れて帰った」（大阪市立郊外羽曳野中学校、一九五二）という。連れ帰った孤児数は不明だが、収容は二月から始まり、一九四七年六月末時点で長谷川学園に一三人、助松学園に二七人が記録されている（表2）。

そうした折に文部省から届いたのが、前記「戦災孤児等集団合宿教育所」設置の認可であった。これによって、経費の国庫八割負担となる。もう一点、郊外学園を学校（教育）と学園（保護施設）に組織上分離する必要があった。予算措置上の都合と考えられるが、長谷川郊外学園は、一九四五年一〇月一日に逆上って認可されたので、同日付で学園は「大阪市郊外長谷川国民学校」と「長谷川学園」への組織変更を経て、学校は翌四六年一〇月一日「大阪市郊

表2　大阪市立郊外小学校在籍児童状況（1947.6.30）

<table>
<tr><th rowspan="2">在学理由</th><th rowspan="2">学校別</th><th colspan="7">学年</th><th rowspan="2">合計</th><th rowspan="2">割合</th></tr>
<tr><th>1</th><th>2</th><th>3</th><th>4</th><th>5</th><th>6</th><th>計</th></tr>
<tr><td rowspan="2">戦災孤児</td><td>長谷川</td><td>0</td><td>1</td><td>1</td><td>3</td><td>5</td><td>8</td><td>18</td><td rowspan="2">37</td><td rowspan="2">14.3</td></tr>
<tr><td>助松</td><td>1</td><td>3</td><td>5</td><td>5</td><td>3</td><td>2</td><td>19</td></tr>
<tr><td rowspan="2">外地引揚孤児</td><td>長谷川</td><td>0</td><td>3</td><td>3</td><td>2</td><td>4</td><td>1</td><td>13</td><td rowspan="2">40</td><td rowspan="2">15.5</td></tr>
<tr><td>助松</td><td>8</td><td>5</td><td>4</td><td>4</td><td>3</td><td>3</td><td>27</td></tr>
<tr><td rowspan="2">生活困窮児</td><td>長谷川</td><td>0</td><td>13</td><td>10</td><td>14</td><td>18</td><td>15</td><td>70</td><td rowspan="2">173</td><td rowspan="2">67.1</td></tr>
<tr><td>助松</td><td>18</td><td>16</td><td>11</td><td>30</td><td>14</td><td>14</td><td>103</td></tr>
<tr><td rowspan="2">身体虚弱児</td><td>長谷川</td><td>0</td><td>2</td><td>0</td><td>0</td><td>0</td><td>0</td><td>2</td><td rowspan="2">8</td><td rowspan="2">3.1</td></tr>
<tr><td>助松</td><td>1</td><td>0</td><td>2</td><td>0</td><td>1</td><td>2</td><td>6</td></tr>
<tr><td colspan="2" rowspan="2">合計</td><td rowspan="2">28</td><td rowspan="2">43</td><td rowspan="2">36</td><td rowspan="2">58</td><td rowspan="2">48</td><td rowspan="2">45</td><td>103</td><td rowspan="2">258</td><td rowspan="2">100</td></tr>
<tr><td>155</td></tr>
</table>

（出典）「大阪市立郊外小学校収容児童種別調査」から作成.

外国民学校」、四七年四月一日「大阪市立郊外長谷川小学校」と改組されてゆく。

一方、助松郊外学園への集団合宿教育所設置認可は半年遅れの一九四六年五月一日付で、したがって、同日、「大阪市助松国民学校」と「助松学園」に分離。学校は一〇月一日の「郊外国民学校助松分教場」を経て、四七年四月一日、「郊外助松小学校」へと改称された。なお、学園は、長谷川・助松とも、一九四六年一〇月一日の生活保護法第七条に基づく保護施設から四八年四月一日の児童福祉法第三五条による児童福祉施設へと変更される。

民間へ預けられる孤児も

ここまで大阪市立郊外学園への児童の保護を扱ってきたが、民間の施設へ行かなければならなかった孤児もいた。家族は空襲で亡くなってしまったが、大阪には知人がいる、親戚がある、とそれを頼りに集団疎開先から帰阪したが、迎えてくれる人がいないということも起きた。

港区錦《にしき》小学校の事例で、藤田《ふじた》登《のぼる》訓導が同窓会誌『あしあと』（一九八七年）に寄せた「加藤君どうしていますか」では、「親戚があると言うので探し回ったが見付からず、結局、東大阪の孤児院へ預けて、門の前の桜並木を帰りながら、思わず涙した四〇年前の今頃を思い出さずには居られません」と当時四年生だった彼に思いを馳せている。大正区新千歳《しんちとせ》校の山《やま》本正次《もとまさつぐ》訓導も同じ思いを抱いている（高知市小学校教諭松本敏子発二〇〇四年二月二二日付赤塚宛書簡）。ここから、大阪駅到着後に孤児であることがわかった場合、教育局の手を離れ、市民局所管の民間の施設へ入れねばならなかったことが推定できよう。

二つ目は孤児のみが集団疎開先に取り残されるケースである。浪速《なにわ》区恵美《えみ》校の疎開先景勝寺《けいしょうじ》（現滋賀県草津市）へ保護者が次々と、わが子を引き取りに来て数人が残ってしまった。景勝寺の子どもで、疎開児童の世話を手伝った川《かわ》那辺《なべ》篤子《あつこ》は、「戦災で両親を失ったのか、引き取り手のない子が四、五人いた。ふろしき包を持ち、寺の縁側で夕暮まで迎えを待ってたたずんでいる子の姿に何度、涙が出たことか」（『朝日新聞』一九八七年八月一六日）と語る。港区魁《さきがけ》校の疎開地・香川県多度津《たどつ》町の浄蓮寺《じょうれんじ》にも二人の児童が残されていた（同町立資料館員川元紀恵発二〇〇九年九月三日付赤塚宛書簡）。年末に市役所の係員に連れられて帰っていったというから、民間の施設に預けられたのであろうか。それにしても、こうした児童は何人ぐらいいたのだろう。

学校の講堂で寝泊りする孤児

福井県から引揚げてきた城東《じょうとう》区鴫野《しぎの》校では、「両親の住居消息のわからない生徒が三人ばかり講堂の二階で寝泊り」していたという。二、三日経て父が迎えに来た六年の内海《うつみ》正明《まさあき》は「家族が空襲で死んでしまって一人ぼっちなのがいた。可愛想に泣いていた」（笹田、一九九三）と回想する。この子どもは、その後、施設に入れたのだろうか。あるいは街頭で暮らすしかなかったのだろうか。

三　街頭に出てきた子どもたち

浪速区は通天閣近くの町会で防空主任として活動した村田正信（当時三一歳）は、「学童疎開から帰って来たが、学校は無い、家も焼けて無い、両親の姿も無い」子どもたちが、「阿倍野橋《あべのばし》の近くに（略）たくさん集まり、腹が減るので道行く人に食べ物を乞うている」前を通るたびに、自分にも与える物がなく「堪忍してくれ」と心のなかで謝まったという。村田自身も空襲で家を焼かれ、阿倍野区に移り住まなければならなかった（学童疎開展実行委員会、一九九〇）。

阿倍野橋とは汽車・電車を通すための橋で東側は天王寺《てんのうじ》駅、西側は天王寺公園に接していて、大阪駅周辺同様、食べ物を得るにも、寝泊りするにも格好の場所だったのである。

しかし、こうした子どもたちを見る目は次第に厳しさを増していく。大阪で最も多くの孤児を保護したキリスト教系児童保護施設・博愛社《はくあいしゃ》（淀川区）の小橋カツヱ社長は、八月一五日を境に昨日までの同胞感はむきだしの自己保存欲に変ったと体験的に感じていた（大阪市社会福祉協議会、一九五九）。そしてついには取締りの対象になっていく。やむをえず街頭に出てきた子どもたちはどのように生きていったのだろうか。

闇市に組み込まれる子ども

物乞いしているだけでは生きていけない。子どもらの中には、闇市《やみいち》で生き抜こうとする孤児もいた。民間の児童保護施設・高津《こうづ》学園（天王寺区）から一人の園児が逃げ出した。探し回った末に田尻玄道《たじりげんどう》園長が大阪駅前の闇市で見つけ、連れ帰ろうとすると、暴力団が出てきて、「命を大事にしたいのやったら、早う帰った方がええぜ」と凄まれる仕末、近くの曽根崎警察署に訴えると「素人《しろうと》が闇市でそんな無茶なことをしてくれては……」と逆に叱られたが、それでも頑張り抜いて連れて帰ってきた（五十嵐、一九八五）。闇市は命をつないでくれるが、危うい面を持っていた。しかも、市民も闇市を利用しなければ生きていけない時代であり社会であった。

浮浪児の収容と保護

学園や施設で保護されていても、逃げ出す子どももいた。理由の多くは食料難であった。規律が気に食わないとか、集団になじめないという子どももいたが、がまんできないのは、何といっても食料難であった。博愛社の保母は「絶対量が足りなくて、目ばかりギョロギョロと、子どもの人相まで変えてしまう」（社会福祉法人博愛社、一九七〇）ほどの食料不足だったという。

駅や公園などに浮浪する子どもが多いので、一九四六年四月半ばになって、政府は彼らの収容と施設の拡張を求め、九月には「主要地方都市浮浪児保護要綱」を策定。「戦災孤児、引揚孤児、その他家庭生活を失った児童」で「街頭に浮浪」する子どもたちを市職員、警察、教護委員、駅員、民主委員等々による「一斉発見」、「巡回発見」を強化し、施設への収容を促した（児童福祉法研究会、一九七八）。

表3　戦争孤児（8歳～14歳）児童保護施設送致数（1945.11.1～48.3.31実施分）

	施設名	所在地	送致数
1	博愛社	淀川区	314
2	東光学園	堺市	234
3	高津学園	天王寺区	169
4	大阪水上隣保館	三島郡島本町	128
5	生駒学園	東大阪市	104
6	公徳学園	東大阪市	63
7	桃花塾	富田林市	56
8	若江学園	東大阪市	54
9	修徳学院	柏原市	53
	奈佐原寮	高槻市	53

（出典）五十嵐兼次『梅田厚生館2』1986年から作成.
（注１）送致数の多い順に10児童保護施設を掲出.
（注２）所在地は現在の区，市，町名で示した.

大阪市でこの任務を担ったのが、大阪市立市民相談所（一九四五年八月一五日戦時相談所を改組）で、その中心になって活動したのが、五十嵐兼次所長であった。案内所は大阪駅構内に設けられていたが、秋が深まるとガード下や地下道で暮らしていた人たちが、一日に一〇〇人、二〇〇人と押し寄せてきて応じきれないので、大阪駅東口ガード下北側に六〇〇平方メートルの小さな家屋を建て、一時保護所として一一月一日から使用を始めた（五十嵐、一九八六）。

当初、保護所の任務は、集まってきた孤児、浮浪児、復員軍人、夫が戦死した妻とその子等に消毒を施して、入浴、食事をさせ、一週間を限度に宿泊所として提供することであった。そのうえで、それぞれの保護施設へ送り込んだ。

しかし、前述した政府の施策が始まると、当然強制収容の色彩が強まり、孤児の収容―保護―脱走が繰り返されることになる。保護所が梅田厚生館《うめだこうせいかん》と改称（一九四七年一一月一日）したころ、「一斉収容」を手伝った府立女子大生（当時大阪府立女子専門学校）の回想にそれをうかがえよう。「浮浪中、自然に身につけた第六感はすばらしく鋭くて、子らのほとんどは、気配を察知するや否や実に敏捷に私達の手を逃れた」、「声をかける前に彼らは身を翻《ひるがえ》して逃げ去っていく」、「自分が食べる物を得る戦争に生きるエネルギーをみなぎらせた子どもたち（略）の前に私たちは無力な存在でしかなかった」（五十嵐、一九八六）とある。それでも保護児童は激増していった。

梅田厚生館で保護した子どもを各施設へトラックに乗せて連れて行くが、半分以上は逃げ出した、とは五十嵐梅田厚生館長の話である。送致児童数（表3）の多いのは、博愛社三一四人、東光学園二三四人、高津学園一六九人等である。

一斉収容後、郊外学園の児童急増

前記「主要地方都市浮浪児保護要綱」による収容強化の影響は、郊外学園にも及ぶ。長谷川学園では、三〇人前後だった児童が、一九四六年六月一一三人、八月一四六人、一〇月一五二人と急増、寮舎を増設しなければならなかった（大阪民衆史研究会、二〇一三）。

もう一つの郊外学園、助松学園のこの時期の児童数は一二二人である。それから約一ヵ月後の六月三〇日時点で三三人も増加し一五五人に及んでいる。多くは、浮浪生活中に「一斉発見」で保護され、送致された児童であろう。生活困窮児と分類された児童が一〇三人にも上ることがそれを裏付けているといえよう（表2参照）。

助松学園での生活と教育

敗戦直後の一〇月二五日付で六甲郊外学園長から助松郊外学園長に就任した飯田義一《いいだよしかず》は児童急増に対応しながらも、

「こんな子に馴れない職員たちは、皆困った。毎日の報告は失敗の連続」であったと漏らさざるを得なかった（以下大阪市教育委員会事務局編『教育月報』一九五〇）。

飯田は保護した児童の特性として、①平気で嘘をつく、住所、氏名さえ嘘の場合がある。②滅多に笑わず難しい顔をしている。③叱られても、誉められても顔に反応がない。④常にそわそわし、落ち着きがない。⑤入園したその夜から脱走の機会をうかがっている等を挙げる。もちろん、こうした特性を持つに至ったのは、「街に焼け出され、大人にだまされ、ボスに搾取《さくしゆ》され、闇市の盛況に幻惑され、社会道徳が全く地に堕ちた一時的現象」ととらえてのことである。

弱肉強食の最前線を生き抜いてきたこうした子どもに対しては、身につけておくべき常識、しつけの反復学習を、それも厳しく一斉指導で行うしかない、と教職員たちは考えたようである。しかし、成果は全く挙がらなかった。「こんな子に馴れない職員たちは、皆困った。（校園長への）毎日の報告は失敗の連続だった」との飯田の言は、この時期の教育を指してのことであろう。

「童心を失った子どもの教育は砂上に楼閣《ろうかく》を築くようで何の役にも立たない」と気づかされるのに、そう多くの日時を要しなかった。そこから助松学園の教育は個性を重視した自由主義教育へと転換する。音楽・ダンスなど自分を表現できる機会を設けたり、気象観測、動物飼育など児童が継続して没頭できる場を整えた。教科教育では、海辺に立地している環境を生かし、たとえば「海に学ぶ」をテーマに理科、算数、社会科授業を展開するなどの工夫を重ねた。

教育内容・方法の転換によって、「児童は落ちつき、愉快に朗らかに、よく勉強するように」変わり、「乱暴な行為は急激に減少し、脱走などは過去の夢となった」と総括されている。ただ、脱走は教育内容・方法の転換だけで防ぐことはできなかった。寮母がリュックを背に食料の買い出しに回り、教師が二段歩ばかりの土地を開墾、畠にして腹の足しになる作物を育て豚や鶏を飼育し、食料にして初めて脱争を止めることができたのである。鶏は多いときには数百羽も飼われていた（赤塚、二〇〇〇）。

四　新制中学生となった戦争孤児

戦争孤児や浮浪児が社会問題化した時期は、戦後教育改革によって義務制の新制中学が誕生した時期と重なっている。彼らに中等教育が保障されたのか否か、保障されたとすれば、どのような方法で実現したのかを問うことは孤児の保護の質を検証するうえで欠かせないであろう。

ちなみに、中学校発足の一九四七年、最初の一年生は四年、五年と学童疎開を強いられ、しかも、最も多くの孤児を出した学年である（表1参照）。

戦争孤児の大阪市立郊外羽曳野中学校

郊外羽曳野《はびきの》中は、前年度の東住吉一中（摂陽中）長谷川学園中学部分校から独立する形で、一九四八年四月一日に設置された。大阪市の「郊外中学校規則」は、この中学校の目的を「戦災孤児等の集団合宿教育施設として、学齢に達した（略）生徒を収容し、学校教育法による（略）中学校の教育を授けるとともに、特に生活勤労等の指導をなす」（第二条）と明快に規定した。生徒保護施設として寮舎「羽曳野学園」（第五条）を設置したことも明らかにした（大阪市規制第七六号、『大阪市公報』第二四〇六号）。

校名は同校が羽曳野丘陵北端に立地することから命名された。同地に所在した大阪市立青年学校錬成所の施設を転換するからである。当時の南河内郡《みなみかわち》埴生村《はにゅう》埴生野《はにゅうの》、現在の羽曳野市学園前一丁目にあたる。ただし、模様替が必要であり、ただちに移れないので、とりあえず長谷川学園を借用しての開校となった。羽曳野中学校・学園長の山根敦美

（郊外長谷川小学校・同学園長から就任）は中学校となる青年学校へ生徒たちを引卒、見学させたうえ、四月八日、「長谷川学園より七二名、助松学園より一五名、合計八七名を入学せしめて、開校・入学式を挙行」した（大阪市立郊外羽曳野中学校・羽曳野学園、一九五八）。

日々の授業は、前年度分校時代に引き続いての近鉄（近畿日本鉄道）からの借家一戸で行われたので、いっそうの教室不足に陥り、「寮に分かれて寺子屋式の勉強」や「運動場に本を持って出て、青空の下で勉強する」日が続いた（大阪市立郊外羽曳野中学校、一九五二）。こうした光景は発足期の新制中学でよく認められ、その間、地域、ＰＴＡの頑張りで独立校舎が建設されたが、この地域と保護者を持てないのが、戦争孤児の中学校である。そこで生徒が代役を担うことになる。

「為すことによって学ぶ」羽曳野の教育

山根校長は大阪市教育局と折衝し、青年学校構造物を本館・教室・作業実習場・寮舎・職員住宅への模様替に着手、五月初旬、教職員一部と三年生八人が先発隊として羽曳野に移り建設作業を手伝った。山根にとって、その手伝いが教育であった。彼は生徒たちに「『立派に自活出来る知識と腕と態度、良き社会人としての意識』を身につけさせるには、来る日も来る日も私には重大な課題が覆いかぶさって来て止む時がない」と述べている（大阪市立郊外羽曳野中学校、一九五二）。この課題解決に近づくための「為《な》すことによって学ぶ」教育であった。

しかし、それが知識のための知識、技術のための技術に止まってはならず、生きる力、自活への力に転化されなければならない。七月一五日の羽曳野移転後のことであるが、次の二年生の生徒の作文にその片鱗がうかがえる。「仕事に来ている大工さんに、のこぎり・のみ・かんなやさしがねの使用法を初めて教えてもらった（略）下駄なども値段が高くてなか〳〵手に入りかねる時分であったので、木の切り端を拾って来て僕達は下駄を作り始めた。それを一足五円で希望者に分けてやったが、それを見て、校長先生の御顔もみんなの顔もにこ〳〵と如何にもうれしそうだった。学校の木工班が出来たのはその頃である。（略）技術の上達と共に、次第に、下駄箱・洋服だんす・本箱・応接用セット等と注文に応じて製作できるようになった。又、学校の机・いす・本棚をこしらえたり、破損した所を修理するのは、僕達工作班の仕事になるようになった」（大阪市立郊外羽曳野中学校、一九五二）。

以上は、工作班に属する生徒の作文であるが、ここから、木工班を編成、箪笥、本箱等々の製作にあたっていたことがわかってくる。ほかには気象観測班もあり、学園中央部の小高い丘上にたまたま敷設されている三角点を発見、そこに手製の風力計、風雨計や既成の気圧計を配置し（大阪市立郊外羽曳野中学校・羽曳野学園、一九五八）、観測結果をたとえば農耕班に提供、苗の植付け開始のサインとしてもらうなどの活動が認められる。

民間施設と地域の中学校

博愛社は施設内の博愛公民学校（一九五一年から博愛社学園小学校改称）で生徒を六年間教育し、高等科は地域の神《かみ》津《つ》小学校へ通学させていた。東淀川《ひがしよどがわ》二中（新北野中）設置後は、同校が進学先となった。

父と折合いがうまくいかず、家を出ては引き戻されていた新保《しんぽ》誠敏《しげとし》が、敗戦翌年の夏、家出し、梅田の闇市で働いているところをすぐ梅田厚生館に保護され、博愛社に送致されてきた。博愛社では、二学期から新保を神津校高等科一年へ編入学させた。新保は「ここで一生懸命勉強できた」という（五十嵐、一九八一）。

一九四七年四月の大阪市立東淀川二中（一九四九年新北野中へ改称）設立にともない、同校二年への編入学となった。博愛社からは、ほかに二、三人の同級生がいた。博愛公民学校六年から直接入学した義務制一年を加えると二〇人近い生徒が博愛社から通学した。

彼らを勇気づけようとしたのであろうか、博愛社社長の小橋カツヱは、一九四八年度東淀川二中PTA会長を買って出た。生徒もまた、これを応援ととらえて熱心に学習に励み、卒業時、新保をトップに博愛社の生徒が三番まで占めて、新聞に取り上げられるなど、地域の話題となった（五十嵐、一九八一）。

もっとも、すべての保護施設が、本事例のように地域の公立中学校とスムーズに連携できたわけではない。困難があった例の一つが高津《こうず》学園である。同学園から通学するとすれば、地域の大阪市立天王寺二中（一九四九年高津中へ改称）であったが、同中学の分校として学園内で授業を受けねばならなかった。

理由として、戦前、戦時を通して「教護院として（略）非行少年を取り扱ってきたため、地域の住民は、学園には〝悪い子ども〟ばかりいるから、一緒に遊んではいけないという見方」を戦後になっても払拭できなかったこと（社会福祉法人高津学園、一九九五）、戦後復興の過程で、PTA、地域住民、学校に誇りと伝統意識が生まれ、「孤児との交流を直に受け入れることができない状況」をつくり出したことが挙げられる（赤塚、二〇一九）。

新たに開設された市立高津中学校（従来の高津中は夕陽丘中に改称）も門戸を閉ざしたままであった。こうしたなかで、一九五四年戦争孤児対策は終わった。正月の同窓会やお盆休みに高津学園へ帰ってきた卒業生のなかに分校教育への不満を口にする者もいたという。

ここでは二例検討したに過ぎないが、民間施設と地域の中学校との関係性は、ほかではどうだったのであろうか。研究課題として残る。

中学校卒業と孤児の進路

市立郊外羽曳野中の場合、卒業と同時に学園（寮舎）を出ることになるので、日常の教育のなかで職業指導を重視していた。時計修繕、ミシン、洋和裁等の講習会、専門家を招いての実習にも力を入れた。就職先開拓では住み込みで働ける会社、個人商店等に当たった。しかし一期生（一九四九年三月卒）の場合、学園に仕事をつくり、男子二人に農耕・畜産を、女子一人に家事・裁縫を担当させるなど、思わしい結果が出ていない。進学者中、大阪市中央病院看護婦養成所に合格した女性は寄宿舎へ入ったものと思われる。ほかに、府立富田林《とんだばやし》高校進学の男子二人がいるが、家庭へ戻っての進学であろう。

第二回卒業生は四一人のうち一一人が家なき孤児であった。そのなかの五人が学園内の実習工場を職場としているので、思わしい就職先が見つからなかったものと思われる。前記博愛社の新保誠敏もやはり博愛社の仕事に就いている。厳しい社会の現実が待ち受けていたのである。

行き場のない卒業生のために、山根校長は一期生に対しては、学園近くの家屋を借用、これを西山寮《せいざんりょう》と名づけてしばらくの共同生活の場とした。二期生の家なき卒業生へは、西山寮に隣接する空き地に木工班の生徒が二一坪の家を建てた。経費は大阪市立中学校生徒たちのカンパと篤志家の寄付金で賄われ、この家は東山寮《とうざんりょう》と呼ばれた（大阪市教育委員会事務局編『教育月報』一九五〇年四月号）。

いま、この寮舎跡に羽曳野学園ゆかりの児童養護施設「羽曳野荘」が建ち、その庭園の「大阪市立郊外羽曳野中学校跡」碑が往時をしのばせている。

おわりに

敗戦直後の食料不足と生きることの厳しさ、苦しさを伝えなければ、戦争孤児の苦しみをわかってもらうことができない、と考えていたのだが、それはついにできずじまいに終ってしまった。学齢児を対象にしたので幼い子どもの置かれた状況も描けていない。そこで集団疎開から帰阪、授業再開一日目のできごとを生野区御幸森《みゆきのもり》校の疎開附添教員、梅澤静子の『学童集団疎開同行記』から引用して補いたいと思う。

久しぶりに帰る鶴橋《つるはし》駅。物売りのわめき声、手を叩く音、板を叩く音、駅前周辺のにぎやかなこと。物珍しげに近よった私の、左手ポケットを引っぱった者がいた。す早く払いのけてふり向くと、四、五歳の男の子だ。私のさいふを盗みそこねて、きまり悪そうな顔をみせ、す早く走り出した（略）ふき出物だらけの頭、顔はいつ洗

図1　卒業生寮跡に建つ児童保護施設羽曳野荘

図2　羽曳野荘庭園の郊外羽曳野中学校学園跡の碑

ったかわからないほど、垢でどす黒い。戦争孤児の小さな盗人《ぬすっと》である。

こんな幼い子どもも一人ぼっちで生きねばならなかったのだ。こんな世の中だったこと、それをつくり出したのは戦争であることを理解してほしいと思う。

さらに本章から欠落したのは、知人・親戚に預けられた孤児の生活と教育である。石川県への集団疎開から帰ってきて叔父宅（尼崎市）に引き取られた川竹博子《かわたけひろこ》は、街で子連れの女性を見かければ母ではないかと確かめ、ラジオの尋《たず》ね人《びと》の時間には自分の名前が呼ばれるのではないか、と期待したという。新制中学では、昼食時、帰宅しても食事はなく、食べたふりをして授業に戻らねばならなかった（『読売新聞』二〇一九年一〇月六日）。

立木喜代乃も集団疎開から大阪駅に到着後、親戚に引き取られるが、盥回《たらいまわ》しされたことを次のように綴っている。「寺田町の焼け跡や、闇市をうろついた間のこと。兵庫県の赤穂、滋賀県のどこか、京都の御所の近く、大阪の寺田町と親類の間を廻されて育てられた」（学童疎開展実行委員会、一九九〇）。平和な社会なら大事にされたであろうが、自分の子どもにさえ食べさせられるか否かの敗戦直後、親戚といえども決して歓迎される存在ではなかったのである。

ここにも、国にとっての戦争は終わっても市民の戦争は終われない姿がある。

本章で追究できなかった四点目として、孤児たちがその後の人生をどのように生きたかがある。東京の一人の孤児は次のように告発する。「戦災孤児というハンデのもと、何十年ものあいだ、故なくして侮《あなど》りを受け、社会の底辺にしがみついて生きなければならなかった。一体誰が、どんな形でその責を負うのか。願わくば戦争を知らない世代の人々が、このような地獄を再び味わうことのないように祈るのみだ」(すみだ郷土文化資料館、二〇〇五)。

大阪の戦争孤児はどうだったであろう。前記川竹博子と立木喜代乃の次の言葉をそれに代えたい。すなわち川竹は「あの戦後の混乱期をよくぞ生きのびた。戦争は人間が犯す罪悪だ。もう二度と繰り返してはならない」と強調し、立木は「平和憲法は私の失ったものの代償。母や妹、祖母のように命を消滅させられ人生を犠牲にした人たちの代償」と訴えている(赤塚、一九九六)。苦難の人生を生き抜いてきた孤児の心の叫びである。

参考文献

赤塚康雄『消えたわが母校—なにわの学校物語—』柘植書房、一九九五年
赤塚康雄編『大阪の学童疎開』クリエイティブ21、一九九六年
赤塚康雄『新制中学の誕生—昭和のなにわ学校物語—』柘植書房新社、二〇二〇年
赤塚康雄『続　消えたわが母校—なにわの学校物語—』柘植書房新社、二〇〇〇年
五十嵐兼次『梅田厚生館2　あの鐘の音いつまでも』さんびいむ、一九八六年
石川　謙『近代日本教育制度史料』第二六巻、大日本雄弁会講談社、一九五八年
梅澤静子『学童集団疎開同行記』編集工房ノア、一九九〇年
大阪市教育研究所編『大阪市戦後教育行政資料(1)』大阪市教育研究所、一九七八年
大阪市教育センター編『戦後大阪市教育史(1)』大阪市教育センター、一九八五年

大阪市立郊外羽曳野中学校編『羽曳野学校―戦災孤児の生活記録―』駸々堂、一九五二年
大阪市立郊外羽曳野中学校・羽曳野学園編『羽曳野一〇年のあゆみ』大阪市立郊外羽曳野中学校・羽曳野学園、一九五八年
大阪市社会福祉協議会編『大阪の社会事業』第一〇七号、大阪市社会福祉協議会、一九五九年
大阪市役所『大阪市戦災復興誌』大阪市、一九五八年
大阪民衆史研究会編『大阪民衆史研究』第六七号、大阪民衆史研究会、二〇一二年
大阪・焼跡闇市を記録する会編『大阪・焼跡闇市―かって若かった父や母たちの青春―』夏の書房、一九七五年
学童疎開展実行員会編『戦争を生きのびた子どもたち―学童疎開―』学童疎開展実行委員会事務局、一九九〇年
国民学校と学童疎開を考える会編『学童疎開を語り継ぐ』国民学校と学童疎開を考える会、二〇一九年
笹田三千蔵『正しく伸ひよ里に移りて』笹田三千蔵、一九九三年
児童福祉法研究会編『児童福祉法成立資料集成・上巻』ドメス出版、一九七八年
社会福祉法人博愛社編『博愛の園　創立八〇周年記念』博愛社、一九七〇年
社会福祉法人高津学園編『社会福祉法人高津学園七〇年のあゆみ』高津学園、一九九五年
すみだ郷土文化資料館監修『あの日を忘れない―描かれた東京大空襲―』柏書房、二〇〇五年

第四章　大阪空襲訴訟

矢野　宏

はじめに

大阪空襲訴訟は、大阪大空襲の被災者らが国に対し謝罪と一人あたり一一〇〇万円の損害賠償を求めた集団訴訟のこと。原告は、肉親を失った戦争孤児はもちろん、爆弾の破片などで手足をもぎ取られた人、炎や高熱によって殺傷する「焼夷弾」で大やけどを負った人、一夜にして家財産を失った人など二三人。大阪地裁に提訴した二〇〇八年一二月八日は、日本が太平洋戦争に突入して六八年目の開戦記念日だった。

この国は、一九五二年四月のサンフランシスコ講和条約発効によって連合国による占領から独立すると「戦傷病《せんしょうびょう》者戦没者遺族等援護法《しゃせんぼつしゃいぞくとうえんごほう》」を制定、翌年には「軍人恩給《ぐんじんおんきゅう》」を復活させるなど、旧軍人・軍属、その遺族にはこれまで総額六〇兆円もの恩給や年金を支給してきた。いっぽうで、民間の空襲被災者については「戦争という国の非常事態のもとでは、国民は等しく耐えなければならない」という「戦争損害受忍論《せんそうそんがいじゅにんろん》」を押しつけ、何の補償もしていない。大阪空襲訴訟の原告たちは「戦争損害受忍論を民間の空襲被災者だけに押しつけるのは、法の下の平等をうたった憲法一四条に違反している」「国は戦争終結を遅らせたことで甚大な空襲被害を招き、その後も被害者を救済せず放置した『不作為の責任』がある」などと主張し、司法による解決を目指した。

「大阪空襲訴訟原告団」代表世話人の安野輝子《あんのてるこ》さん（大阪府堺市）は五歳のとき、爆弾の破片で左足を失った。提訴にあたり、こう語っている。

「空襲で傷害を負ったり、肉親を奪われたりした者にとって、『がまんしなさい』という国の姿勢そのものが尊厳を傷つけるもの。裁判を通して国に戦争損害受忍論を撤回させ、すべての戦争被災者に補償する国に変えさせるきっかけをつくりたい。それが子や孫の世代に戦争しない平和な国を残すことにつながると思い、決意しました」

しかし、裁判は一審・二審とも空襲被災者の訴えが退けられ、二〇一四年九月に最高裁が上告を棄却したことで、原告敗訴が決定した。

一　置き去りにされた空襲被災者

五〇回を超える大阪への空襲

太平洋戦争末期、大阪への空襲は一九四四年一二月一九日の中河内《なかかわち》郡三宅《みやけ》村（現松原《まつばら》市）、瓜破《うりは》村（現大阪市平野《ひらの》区）への爆弾投下に始まり、終戦前日の「大阪陸軍造兵廠《ぞうへいしょう》」への大爆撃まで五〇回を超す。うち、「超空の要塞」といわれた全長三〇メートルのB29爆撃機が一〇〇機以上来襲した攻撃を「大空襲」といい、計八回を数えた。

最初の大阪大空襲は、一九四五年三月一三日深夜から翌一四日未明にかけて、B29爆撃機二七四機が焼夷弾一七七三トン、六万五〇〇〇発あまりを投下。死者は三九八七人、行方不明者六七八人、重軽傷者八五〇〇人、被災戸数は一三万六一〇七戸に及んだ（大阪府警備局調べ）。これまでの空襲と違い、B29爆撃機は大編隊で夜間に来襲し、命中率を高めるために飛行高度を下げて一般市民の住宅地域を標的にし、大阪市の中心部――当時の浪速《なにわ》区、西区、南区

(現中央区)、大正区、東区(現中央区)、西成区《にしなり》、天王寺区《てんのうじ》などが火の海と化した。

六月に入ってからは一日、七日、一五日、二六日と、大阪はほぼ一週間ごとに大空襲に見舞われた。B29爆撃機からの焼夷弾投下のほか、当時「最強の戦闘機」といわれたP51ムスタングによる機銃掃射《きじゅうそうしゃ》も加わり、多くの人命が奪われた。

さらに、七月一〇日の「第六次大阪大空襲」で堺市をはじめ、貝塚《かいづか》市や大阪市住吉《すみよし》区が焼け尽くされ、二四日の「第七次大阪大空襲」では大阪陸軍造兵廠と大阪市此花《このはな》区の住友金属工場の二つの軍需工場がターゲットになった。

最後の「第八次大阪大空襲」は終戦前日の一九四五年八月一四日午後一時過ぎ、一四五機のB29爆撃機が大阪陸軍造兵廠を徹底的に攻撃した。投下された一トン爆弾のうち四発が近くの国鉄(現JR)京橋《きょうばし》駅に落ち、一発が城東《じょうとう》線(現JR環状線)のガードを突き抜け、乗客が避難していた片町《かたまち》線ホームを直撃した。犠牲者は名前がわかっているだけで二百数十人、実際は五〇〇人とも六〇〇人ともいわれている。

空襲による大阪の被害について、大阪府警備局の「大阪空襲被害状況」(一九四五年一〇月)によると、死者一万二六二〇人、重軽傷者三万一〇八八人、行方不明者二一七三人に上る。罹災者は一二二万四五三三人、家屋被害三八万四二四〇戸を数えるなど、B29が投下した焼夷弾や爆弾は大阪の街を焼き尽くし、破壊し尽くした。

大阪大空襲研究の第一人者で、関西大学名誉教授だった小山仁示氏は、著書『大阪大空襲—大阪が壊滅した日—』(東方出版、一九八五年)で、被害状況を記している。

「一九四〇年一〇月の国勢調査で大阪市の人口は三二五万人だったのが、四五年八月の終戦直後では三分の一の一一一万人に減った。四四年一二月末の大阪市の人口は二四四万人だから、戦争末期のわずか八ヵ月で一三三万人が減り、半分以下になった」

家族九人を亡くし、孤児に

大阪府田尻《たじり》町の吉田栄子《はえこ》さん（八六歳）は、一九四五年三月一三日深夜からの第一次大阪大空襲で両親と姉二人、六歳だった弟、同居していた叔父一家の計九人を亡くした。当時、精華《せいか》国民学校（現小学校）四年で一〇歳。吉田さんは大阪府岬《みさき》町の父方の親戚宅に縁故疎開していて難を逃れた。

父親は大阪市浪速区で、軍艦などを磨くための布を何枚もミシンで縫い付ける工場を営んでいた。吉田さんは五人きょうだい（男二人、女三人）の三女で、両親にかわいがられ、きょうだいも仲良かったという。

大阪で大きな空襲があったらしい――という噂話が岬町にも広がる。空襲から二日後、吉田さんは叔父に伴われて大阪へ向かった。淡輪《たんのわ》駅から難波《なんば》駅までは南海電車で一時間ほど、大阪市内に近づくと焼け野原が広がっていたという。難波駅の手前で不通となり、線路沿いを歩いて自宅を目指す。約半年ぶりに目にしたわが家は工場ともども跡形もなく焼け落ちていた。親戚が数人集まっていたが、そこに両親の姿はなかった。

手がかりを求めて向かった日本橋国民学校の校庭には、たくさんの遺体が並べられ、トタン板がかぶせられていた。焼けたときに燃えたのか、足が上を向いていたり、腕が折れ曲がっていたり、性別や年齢もわからないほど黒焦げになった遺体に、言葉を失ったという。「黒こげの人形がごろごろという感じでした。その無残な姿は今もまぶたに焼き付いています」。吉田さんは遺体の足元からのぞきこみ、母が編んでくれた自分と同じ毛糸の靴下を履いた女性を見つける。「これは姉ちゃんやとわかりました。鮮やかなグリーンのおしゃれなオーバーを着ていましたが、顔はよう見ていません。悲しいというより現実に何が起こったのかわからないような状態で、その場で呆然としていました」

長姉の初子さんは、国民学校の児童を集団疎開させる引率として滋賀県へ行っていたが、卒業式を迎える六年生たちと大阪へ戻ってきて空襲に遭った。享年二〇だった。

数日後、吉田さんは、自宅を出て会社勤めをしていた長兄と再会でき、近所の人から両親らの最後の様子を聞く。

「その方が後ろを振り返ると、両親が叔父の幼子二人の手を引いて逃げていたそうです。でも、道の両側の建物が焼け落ち、進行方向をふさがれて見えなくなった、と……」

長兄がその現場へ行き、建物が焼け落ちた場所のすぐ近くの喫茶店内から、両親と弟、叔父一家の遺体を見つけたという。「空襲で道をふさがれた家族は喫茶店に逃げ込んだが、そこも炎に包まれたのでしょう。兄から聞いたとき、『もう家族に会えない』と思うと悲しくて、今後どうやって生きていけばいいのか不安でたまりませんでした」と、当時を振り返る吉田さん。どこで荼毘に付されたのかも知らず、遺骨も戻って来なかった。

「この子、今はわかっていないけど、これから苦労するよ」と、つぶやいた伯母の一言はその後、現実のものとなる。

親戚をたらいまわし

吉田さんは、泉南《せんなん》郡下荘《しもしょう》村（現阪南市）で暮らしていた母の姉宅にあずけられたが、三ヵ月後、長兄が結婚して養子入りした大阪市西成区の家に引き取られた。

「気にいられないとあかんと思い、畑仕事や子守りなど、何でも進んでやりましたが、お嫁さんやその両親からすれば、結婚した夫の妹が同居していることが気にいらなかったのでしょう。よそ者のように扱われ、とても居づらい思いをしました」

楽しいはずの遠足でもつらい思いをしたという。

「弁当を開くのが恥ずかしかった。ご飯はあまりなく、サツマイモを刻んで炊いたもの。親がいる子はおいしそうな弁当を食べており、親が生きていればと悔しかったです」

二年後、兄が離婚したため、その家も出ねばならなくなった。中学一年だった吉田さんと長兄は、父の妹のいる大阪市阿倍野《あべの》区へ引っ越したが、ほどなく叔母が病死してしまう。

吉田さんは泉南郡信達《しんだち》町（現泉南市）に住んでいた母親の弟宅へ引き取られた。叔父と叔母、三人のいとこたち、祖母もおり、吉田さんを含めて七人の大所帯で、暮らしは貧しかった。

叔父宅に四人目の子どもができ、家で美容院を経営していた叔母に代わって吉田さんが家事に加え、子守りも手伝うことになる。風呂をわかすのも水道がなく、重労働だった。生まれたばかりの従妹を背負って家から離れた井戸に水をくむため、三〇回以上も往復した。水を五右衛門風呂に入れ、薪を焚く。一人ずつしか入れないので、家族が全員入り終わるまで、吉田さんが水を足したり、薪を足したりと休む暇もなかった。洗濯も吉田さんの仕事で、くつ下が破けたり、ボタンが取れたりしたときのつくろいもすべて一人でやった。

「親戚の子とはいえ、食べさせてもらっている。学校にも行かせてもらっている。そんな負い目もあって、叔母の顔色を見て先に先に動きました」

高校進学をあきらめ、中学を卒業すると、叔母の勧めで美容学校に通った。一年後には大阪市東淀川区淡路の美容院に住み込みで働き、ようやく一時の解放感を得る。朝早くから夜遅くまで働き、自立するまではと人一倍頑張った。三年後、叔母に呼び戻され、二一歳で結婚。叔母の美容院を手伝いつつ、数年後に開業した。二人の息子にも恵まれ、美容師として腕一本で生きてきた。

「空襲体験は自分の中で封印してきた」吉田さんが大阪空襲訴訟の原告になることを決意したのは「私のような悲劇を二度と繰り返してほしくない」という思いからだ。

「美容院のお客様に旧軍人の遺族の方がいて、空襲被災者である私がお墓のお花代ももらっていないことに驚かれました。世間は空襲被災者が補償されていないことを知らないのだと思うと切なく、悲しかった。大阪大空襲の被災者たちが国を訴えて裁判するということを聞き、私はこの思いをぶつけるため、裁判の原告になることを決意したのです」

大阪空襲訴訟の口頭弁論は二〇〇九年三月四日に始まり、七人の原告が大阪地裁の大法廷に立ち、自らの空襲体験やその後の苦難を語った。吉田さんが意見陳述したのは一〇月一四日の第四回口頭弁論だった。

「空襲で多くの家族を失った被害に今も苦しめられていることを裁判所にご理解いただきたく申し上げます」と切り出し、戦争孤児としての半生を振り返った。

「戦争孤児でも親戚が引き取って育ててくれたのですから感謝しなければなりません。でも、やはり守ってくれる父母がいないので、そこでの生活はいずれも居づらく、気を使うばかりでした。父母がいれば、どれだけ精神的に安らぐ生活ができたのだろうと思うと、残念でなりません。命日のお墓のお参りや、春秋のお彼岸は、自分の務めだと思って今もずっと続けていますが、お墓に家族の遺骨は一つもありません。国には、空襲被災者に何ら支援をしてこなかったことに対し、きちんと謝罪してほしいと思います」

二　空襲被害を大きくした防空政策

「親なし子は出ていけ」

大阪空襲訴訟の原告だった奈良県桜井市の藤木雅也子《かやこ》さん（八五歳）も第一次大阪大空襲で家族を失い、戦争孤児になった。当時、吉田さんと同じ国民学校四年で一〇歳、大阪市浪速区に住んでいた。母と兄二人、姉の五人家族。藤木さんが四歳のとき、父親が病死しており、長兄が父の跡を継いで自転車店を営んでいた。

一九四五年三月一三日夜、母親に起こされた藤木さんは着のみ着のまま、家族とともに外へ出た。

「空は炎でオレンジ色に染まっていました。焼夷弾が落ちてくる音やさく裂する音があちこちで聞こえていました」

一家五人は自宅近くの防空壕へ逃げ込んだが、すでに満杯状態。藤木さんは息苦しくなり、一人だけはじき出されてしまう。近所の家々は炎に包まれ、路上には焼夷弾の燃えたあとの鉄の筒がマッチ棒をばらまくように無数に転がっていた。行き場を失って立ち尽くしていると、警防団員に「うろうろするな」と怒鳴られた。

高架を走る南海電車が窓から炎を吹き出して燃えていた。アスファルトの道路は高熱で溶けてボコボコになっており、泣き叫ぶ声、名前を呼ぶ声……。川に浮かんだ女性の腹から内臓が出ていた。何もかもが焼け、昼間のように明るかった地獄のような街を藤木さんは一人で逃げ、ようやく精華《せいか》国民学校にたどり着いた。

翌一四日、探しに来てくれたのは母ではなく叔母、母の妹だった。自宅に戻ると、住み慣れたわが家はすっかり焼け落ちていた。藤木さんは叔母に連れられ、遺体安置所になっている日本橋国民学校へ向かった。校庭には数百体もの遺体が並べられ、黒く焼け焦げた遺体の中で、母と二人の兄、姉の計四人が並んで横たわっていた。避難した防空壕で窒息死したのだ。

「ほんまに死んでたんやなあと思いました。どっかで生きていると思っていました。現実に遺体を見たら、これで終わりかなと思うて。不思議に涙は出ませんでした」

戦争孤児になった藤木さんは、そのまま叔母宅に引き取られた。だが、母子家庭で生活は貧しく、同じ年頃で食べ盛りのいとこが三人もいた。

戦後の苦しい食糧事情もあって、年上の従兄から「お前が来たから食べ物も少なくなったやないか」「親なし子は早く出て行け」などといじめられたという。

「学校でも給食費を持っておいでとか、遠足代を集めますとか、言われるのが嫌でした。叔母さんになかなか言えませんでした。早く死んで母の所へ行きたいとばかり考えていました」

進学するいとこたちを横目に、中学卒業とともに働きに出た藤木さん。絞り出すような声でこう語った。「なんであのとき、家族と一緒に死ななかったんやろ。それればかりでした。死ぬも地獄なら、生き残るのも地獄でした」

戦後の歩みを尋ねても口は重かった。

「お母ちゃん、家守らなあかんねん」

大阪空襲訴訟の原告には、最高裁判決を聞くまでに亡くなった人がいる。二〇一二年夏に亡くなった谷口佳津枝さん（享年七四）もその一人だ。

谷口さんは、第一次大阪大空襲で家は全焼、母と父親代わりの長兄を亡くし、戦争孤児として戦後を生き抜いた。

当時、国民学校一年で七歳、五人きょうだい（男二人、女三人）の末っ子だった。大阪市南区（現中央区）高津《こうづ》で印刷業を営んでいた父親は、谷口さんが二歳のときに病死。母親が家業を継いでいたが、一九四四年に三台あった印刷機を軍に供出させられて廃業したため、働きに出ていた。

一九四五年三月一三日の夜に母親が残した最後の言葉を、谷口さんは覚えていた。

「今夜の空襲は大きいらしいわ。あんたはお姉ちゃんと一緒にお逃げ、お母ちゃんは家を守らなあかんねん」――。

谷口さんはそれが永遠の別れになるとも知らず、着物を着せてもらいながら「きょうのお母ちゃん、何か優しいなあ」と思っていたという。「姉に手を引かれながら後ろを振り返ると、家の前で母が見送ってくれていました。それが私が見た最後の母の姿でした」

外は避難する人たちでごった返していた。焼夷弾が何本も落下して街は燃え、道路も火の海となっていた。生國魂《いくくにたま》神社の本殿が炎に包まれ、大楠の木もパチパチと燃え上がって炎が上がるのを、谷口さんは「怖いなあ」と思いながら走ったという。

大阪市天王寺区の味原《あじはら》国民学校は、すでに避難してきた人たちであふれていた。翌一四日には、東区（現中央区）にある中大江《なかおおえ》国民学校へ移動させられた。乾パンと水が支給され、三日目に小さなおにぎりが配られただけで、谷口さんは飢えと寒さに震えていた。家族が次々に迎えにきたが、谷口さんと姉は最後まで取り残された。

一週間後、迎えに来てくれたのは母ではなく、母の姉だった。「『五人も子どもがいるのに、今まで迎えに来ないということは死んだんやな……』と言って、ため息をこぼした伯母の姿が記憶に残っています」

伯母に連れられ、自宅近くの高津国民学校へ向うと、焼け残った雨天練習場に並べられた遺体には、ムシロがかぶせられていた。兄は遺体のもとに置かれた鉄兜に書いてある名前でわかった。母の顔は焼け焦げていた。二人は消火活動に従事したために逃げ遅れ、自宅の中につくった防空壕へ飛び込んだが、家が焼け落ちて出入り口をふさぎ、逃げるすべを失ったのだ。

「怖くて、怖くて、ひざがガクガクと震えたのを今でも覚えています」

戦争孤児になった谷口さんはきょうだいと別れ、広島県の親戚宅にあずけられた。中学を卒業すると働きに出たが、二年後には姉を頼って大阪へ戻った。

原告に加わった谷口さんは生前、こう語っていた。

「戦争とはいえ、親を亡くした子どもほどみじめなものはありません。ただただ耐えるだけでした。あの日、母も一緒に逃げていたら、と思わない日はありませんでした……」

逃げることを禁じた「防空法」

二〇〇九年六月三日の第二回口頭弁論。大阪空襲訴訟弁護団の大前治弁護士は大法廷にしつらえたスクリーンに、空襲の惨状を伝える写真や新聞記事を映し、「国は、国民に対して『空襲からの退去方法』や『生命の守り方』を周知せず、空襲の危険性や焼夷弾の破壊力についての正しい知識を与えず、強度の防空義務・消火義務を課しました。国民が空襲から逃げることを、罰則を持って禁止したのです。このことが、原告らの空襲被害を拡大し、深刻化させる重要な要因となりました」と説明した。

国民に防空の義務を課す「防空法」が制定されたのは一九三七年三月。四年後の四一年一一月に改正され、「空襲時の退去禁止」が規定された。違反者には、一年以下の懲役または五〇〇円以下の罰金が科せられていた。ちなみに、巡査の初任給が四五円だった。

こうした防空政策は、本来は命を守るはずの防空壕にも影響を与える。

一九三八年一〇月、内務省計画局が発行した『国民防空の栞《しおり》』に次のような記載がある。「木造家屋は破壊爆弾に対してはまったく無抵抗であるから空地に壕を掘り空襲時に備える必要がある」。さらに、「家庭用防空壕の一例」として、「防空壕は庭または空地に湿地を避けて作ること」とか、「防空壕の各材は釘、鉄、鉄線、方丈などで堅固とすること」などの記述があり、当時は爆弾に耐える頑丈な防空壕を作るよう進めていたことがわかる。

ところが、四一年九月に内務省が発行した広報誌『週報』二五六号の中で、政府はそれまでの防空政策を一変させた。

「防空壕はなぜ造るのか」について、「わが国の防空壕は、積極的に防空活動をするための待機所であって、敵の飛行機が飛び去って終わるまで入っている消極的な避難所ではありません。爆弾が落とされた場合、一時その破片を避け、次の瞬間には壕を飛び出して勇敢に焼夷弾防火に突進しようというためのものです」と記されている。

ここでいう待機とは軍隊用語でいう戦争行為の一つで、準備をととのえて機会の来るのを待つこと。安全な場所へ立ち退くという意味の避難とは違う。

大前弁護士は、法廷でこう訴えた。「空襲時に長時間にわたり滞在できる安全な防空壕を作ってしまうと消火活動をする者がいなくなるので、『すぐ飛び出せる待機所』、より正確にいえば、『危険だから、すぐに飛び出さざるを得なくなる待機所』の設置を義務づけることが国の方針となった。そのためにも、『空襲は怖くない』という宣伝がなされたのです」

当時の国民は「国土防衛の戦士」と位置づけられ、空襲の最中であっても「防空法」によって逃げることを禁じられていた。防空壕も命をまもるための頑丈な避難所ではなく、一時的に退避する簡素な場所だった。

大阪空襲訴訟弁護団はこう結論づけた。「空襲被害は避けられなかった偶然の災害ではなく、国が選んだ政策の結果として生じたものだ」――。

戦時中あった戦時災害保護法

戦時中、空襲などの被害に遭った民間人を救済する法律があった。一九四二年二月に制定された「戦時災害保護法」である。当時の日本政府は、国民総動員体制をつくり、厳しい罰則を背景に国民を戦争に動員していた。それに呼応するために制定された法律で、補償の対象は、戦時災害で危害を受けた「帝国臣民タル」本人と家族、遺族。しかも、軍人と一般国民とを区別せず、すべての空襲被災者を援護するものだった。

給付金は、死亡すると遺族に給与される金額は一人五〇〇円、障害を負った場合は最高で七〇〇円とある。「身体に著しき障害を存するもの又は女子にして其の外貌に醜痕を残したるもの」に三五〇円を支給すると規定されていた。

敗戦翌年の一九四六年九月、戦時災害保護法は、「軍事扶助法」や「軍人恩給法」とともに廃止された。日本を占領していた「連合国軍最高司令官総司令部」（ＧＨＱ）が、非軍事化政策を進め、生活困窮者を軍民の差なく保護するという趣旨のもと、「生活保護法」や「身体障害者福祉法」などの一般社会保障法の枠内での救済にとどめたからだ。

ところが、日本が主権を回復した一九五二年四月に旧軍人・軍属を対象にした「戦傷病者戦没者遺族等援護法」が制定され、翌五三年にはＧＨＱによって停止させられていた軍人恩給法も復活。旧軍人・軍属や遺族に対する補償・援護は累計六〇兆円を超える。当時は朝鮮戦争の真っただ中で、日本の再軍備が進められていた時代だった。

援護の対象も「未帰還者《みきかんしゃ》」や「引揚者《ひきあげしゃ》」へと広がり、原爆被爆者や中国残留邦人に対する援護法も制定された。住民を巻き込んだ地上戦となった沖縄戦では、「戦闘参加者」に該当するとされた民間人が「準軍属」として扱われ、援護法の適用を認められている。日本軍に食糧を奪われても「食糧供出」、壕を追い出されても「壕の提供」など、実態とかけ離れたかたちで「戦闘参加者」に位置づけられた。これらは沖縄戦の犠牲者からの補償要求を封じ込めるためだったとも指摘されている。そんななかで、民間の空襲被災者だけが置き去りにされているのだ。

もちろん、民間の空襲被災者が何も行動しなかったわけではない。

一九七二年、名古屋大空襲の被災者だった杉山千佐子さん（二〇一六年九月死去、享年一〇一）が「全国戦災傷害者連絡会」を結成。民間の空襲被災者への補償を求める声を受け止めた野党が翌七三年から八九年まで救済のための法案を国会に一四回提出したが、当時の自民党の反対ですべて廃案になっている。

では、外国のケースはどうなのか。欧米諸国では、英国やフランスなどの戦勝国、旧西ドイツなどの敗戦国を問わず、軍人・軍属、民間人を区別することなく、補償している。そればかりか、自国民と外国人を区別することなく、戦争被害者に対する補償を行っているのだ。

大阪空襲訴訟は二〇〇八年一二月の提訴から二年半、一〇回目の法廷で一審は終結。五ヵ月後の一一年一二月に大阪地裁が下した判決は原告敗訴だった。「軍人・軍属は国の意思を実現するために戦地に赴くなどの職務を行い、そのために被害を受けた者には補償をすべきだという見解が成り立つ。原告との差異は不合理とはいえない」と主張、補償されている原爆被爆者らと比較した上でこう結論づけた。「原告が空襲被害により多大な苦痛や労苦を受けてきたことは認められ、他の戦後補償を受けた者と同様に救済措置を講じるべきだとの意見もありうる。しかし平等原則違反やそのほか、憲法違反があるとはいえず、国に憲法上の立法義務は認められない」。判決では、戦争損害受忍論には一言も触れず、防空法についても事実を認定されたが、判決には生かされなかった。原告らは控訴したが、たった二回の審議で結審となり、一三年一月一六日、大阪高裁も原告の訴えを退けた。

そして二〇一四年九月一一日、最高裁が上告棄却を決定。集団提訴から五年九ヵ月で原告の敗訴が確定した。最後の望みを託した司法にも裏切られた原告らの落胆は大きかった。記者会見の席で、吉田さんは「両親や一緒に空襲で亡くなった家族にうれしい報告ができなかったことがとても、とても悔しくて残念でたまりません」と語り、取り出したハンカチで目頭を押さえた。

おわりに

裁判最中の二〇一〇年八月、東京で空襲被災者の救済を目指す「全国空襲被害者連絡協議会」（全国空襲連）が結成された。一五年には、与党も加わった超党派の国会議員が「空襲被害者救済の国会議員連盟」（議連）を立ち上げた。きっかけとなったのが大阪空襲訴訟とそれに先立って提訴した「東京大空襲訴訟」（二〇一三年敗訴確定）で下された「救済は立法によって解決すべき問題」という判決だった。

議連は一七年に救済法案の素案をまとめたが、その中身に対し空襲被災者から不満の声が相次いでいる。というのも、「空襲被災者の中でも身体に障害がある人に限って一時金五〇万円を支給する」という内容で、戦争孤児は支給対象に含まれていない。しかも救済法案の趣旨を賠償ではなく、「長期間の苦労への慰藉（同情して慰めること）」としているからだ。

求めていた救済法案ではない。とはいえ、被災者の高齢化が進む中で、まずは救済法を作ることが大事ではないか……。空襲被災者の心は揺れている。

参考文献

小山仁示『大阪大空襲—大阪が壊滅した日—』東方出版、一九八五年
平塚柾緒編『米軍が記録した日本空襲』草思社、一九九五年
沢田　猛『空襲に追われた被害者たちの戦後』岩波ブックレット、二〇〇九年
矢野　宏『大阪空襲訴訟を知っていますか』せせらぎ出版、二〇〇九年
矢野　宏『空襲被害はなぜ国の責任か』せせらぎ出版、二〇一一年
矢野宏・大前治『大阪空襲訴訟は何を残したのか』せせらぎ出版、二〇一五年
工藤洋三『日本の都市を焼き尽くせ！』二〇一五年
松本　泉『日本大空爆—米軍戦略爆撃の全貌—』さくら舎、二〇一九年

第五章 神戸の戦争孤児たち

白井勝彦

はじめに

厚生省は一九四八年二月一日午前〇時、孤児およびこれと同様の状態にある者について全国調査（沖縄を除く）を行った。この調査で全国総数は一二万三五一一人、県別では、広島県五九七五人、次いで兵庫県五九七〇人、東京都五三三〇人である。区分でみると戦災孤児が最も多いのは、広島県二五四一人、次いで東京都二〇一〇人、兵庫県一四五三人、一般孤児が最も多いのは兵庫県四一四九人、次いで京都府三三四二人、東京都三二七九人である。

兵庫県の五九七〇人は、収容保護施設にいる児童は六六二人、祖父母、兄姉、親戚、知人その他により保護されている者五〇四五人、保護者なくして独立して生活を営む者二六三人である。以上のうち浮浪経験のある者は全体の四三四人（約七％）、施設内では三七五人（約五七％）と半数以上の児童が浮浪の経験をしている。

兵庫県は、戦災孤児と併せて、一般孤児が多いという特徴がある。一般孤児とは孤児となった理由が定かでないが、両親の病死・行方不明、棄児などが考えられる。兵庫県に孤児が多く生じた理由は、主として①神戸空襲による被害が大きかった。②敗戦直後の社会の混乱、経済的困窮により、保護者のもとにない児童が、神戸市内の大規模な闇市やその周辺に集まってきたといえる。

この章では、これまで明らかにできた神戸市内の敗戦直後の孤児・浮浪児の実相と、児童保護の関係機関の対応を記述し、なお、実相の把握が困難な問題などを考えたい。

なお、本章において、戦争孤児とは、戦災孤児「父母の戦死、空襲による死亡等戦闘又は戦事に直接原因して孤児になった者（父母のうち一方が戦闘又は戦事に直接原因して死亡し、他の一方がこれに原因しないで、死亡した者を含む）」、一般孤児（父母の病死、行方不明など）、棄児（養育者の作為・不作為によって孤児と同様になった棄児又は迷児）、引揚孤児、残留孤児など、戦争がもたらした孤児を包括的に表す言葉として使用している。

また、浮浪児とは保護者のもとになく、住む家がない状態の児童のことを表している。

一　神戸の学童集団疎開と空襲

一九四四年の閣議決定

一九四四年六月三〇日、政府は閣議で「特に国民学校初等科児童ノ疎開ヲ強度ニ促進スル」と決定し、同年七月には文部省通牒により、兵庫県内の神戸市、尼崎市を含む全国一三都市が学童疎開都市に指定された。ただちに兵庫県は「学童疎開要綱」を決定し、関係する市に通達する。学童疎開は縁故疎開を原則とするが、これによりがたい学童は、初等科三年以上六年までの児童で、保護者の申請にもとづき計画を定めるとした。神戸市では七月一四日に国民学校への説明会が行われ、疎開先、疎開先の教育、経費などが伝えられた。

これにもとづきただちに各学校で職員会、父兄会が開催された。神戸市においては七月一四日に学童集団疎開先の調査が実施され、神戸市長から保護者宛てに疎開勧奨文「学童の縁故疎開促進について」が配布される。兵庫県の七月時点の調査では、神戸市では縁故疎開児童数三万八七六七人、集団疎開申込児童数二万一七七三人、残留児童数四万三五三六人である。八月には、疎開先は県内二万人、岡山県六〇〇〇人、鳥取県四〇〇〇人、このうち県外疎開の一万人は神戸市学童と発表された。

八月二一日に県内集団疎開第一回が開始、県外の集団疎開は九月一〇日から始まっている。九月末で集団疎開学童は神戸市で一万七三七九人、尼崎市は三九一四人である。

一九四五年三月九日に政府は「学童疎開強化要綱」を決定し、学童疎開の徹底を図るいわゆる「根こそぎ疎開」で、初等科全学年の縁故疎開、集団疎開を強化した。第二陣（一九四五年四月）には一、二年生も含まれている。七月末の集団疎開の状況は神戸市では兵庫県内三六校九八三一人、岡山県内一五校五〇三五人、鳥取県内九校二八四三人、計六〇校一万七七〇九人である。なお、県総数は県内一万五八九三人、岡山県七〇五〇人、鳥取県三五六三人、計二万六五〇六人である（神戸市『神戸市教育史第二集』一九五四年、兵庫県『兵庫県教育史』一九六三年）。全ての学童が縁故疎開、学童集団疎開に参加したわけでなく、神戸新聞によれば（一九四五年九月二日）、市内に残留学童が七二〇〇人いた。空襲により多くの戦災孤児が生じることになる。

なお、国民学校とは、一九四一年に小学校を改めて成立した初等教育の学校、初等科六年、高等科二年、皇国民の基礎的錬成を目的とした。四七年その初等科は再び小学校となった（『広辞苑』第四版）。

街を焼きつくした神戸空襲

神戸への無差別焼夷弾爆撃は一九四五年二月四日、六九機のB29爆撃機による実験的焼夷弾爆撃、三月一七日未明の大空襲には約三〇〇機のB29爆撃機により、兵庫《ひょうご》区、今の長田《ながた》区・中央《ちゅうおう》区の一部の主として市街地の西半分の爆撃、続いて五月一一日の空襲では灘《なだ》区、今の東灘《ひがしなだ》区、六月五日の大空襲では約四七〇機のB29爆撃機により、今の垂水《たるみ》区から西宮《にしのみや》までの広範囲にわたり、神戸市の残っていた東半分も焼失、これにより神戸市域は壊滅し、死者の正確な人数は不明だが、約七五〇〇人から八〇〇〇〇人以上といわれ（社団法人日本戦災遺族会『全国戦災史実報告書　昭和五二年版』一九七八年）、被災面積は市街地面積の六〇％、戸数においては六四％、市民の被災者数は五一％を占めていた（神戸市『神戸市史第三集』一九六二年）。

二　神戸空襲下で孤児に

孤児たちの姿

湯本良子《ゆもとりようこ》（当時一五歳）は兵庫区の南逆瀬川《みなみさかせ》に住んでいた。父は靴の販売をしていた。三月一六日は、東京空襲で医科歯科大学から帰省した上の兄を交えて、父、母、商科大学在学中の兄、第一高等女学校在学中の姉の六人で夕食をとり、その日見てきた映画「陸軍」の話に花を咲かせた後、防空頭巾、手袋などを枕元に置いて床に就いた。一七日午前一時頃けたたましく鳴るサイレンの音で飛び起きて、山の手を空襲するB29がサーチライトと照明弾に浮かび上がる姿を見ていたが、午前三時頃になると、雨あられのごとく焼夷弾が落ち火災が発生した。バケツを手に消火に頑張っていた警防団の父、避難せずに様子を見ていた家族の近くで「バン」と小さな不気味な音がして、この一瞬で父、母、姉、二人の兄が倒れ、良子は肘上を負傷した。朱に染まった顔の母はいったん立ちあがり、「後から行くから早く逃げなさい」という母の叫びで大輪田橋《おおわだ》の下まで逃れた。大輪田橋の下や川岸に多くの避難者がいたが、巻き込む火災で蒸し焼きになり犠牲になった。良子はかろうじて助かった。その後、教会の牧師に助けられ交通病院に入院する。後で遺体を捜した祖母の話では、全員即死の状態で、母だけがすぐには見つからず、掘り起こして炊事場の方で見つかった。良子はその後、祖母宅で暮らすことになる。

内藤博一《ないとうひろかず》（若菜国民学校《わかなこくみん》六年生）は、今の中央区春日野道《かすがのみち》商店街で、学童集団疎開に参加せず、母と二歳上の兄、三歳の妹と暮らしていた。もう一人の妹は二年生で、東条町《とうじょうちょう》に学童集団疎開していた。母は春日野道の映画館「山新館《さんしんかん》」の経営をしていた。六月五日の空襲が始まったのは午前七時半頃、母は妹を連れて逃げ、博一は兄と逃げたが途中ではぐれた。博一は防火用水に入って、水を頭からかぶって逃げた。水を求めて生田川《いくた》へ逃げた。川には死体が浮いていたが水を飲み、靴底も焼けて火傷していた足を何時間も水につけていた。自宅近くの吾妻《あずま》国民学校へ行くと母と妹がいるのを見つけ、自宅跡にトタンや板で小屋を建てた。妹は一〇日ほどして衰弱死、遺体は吾妻国民学校に運び、他の遺体とともに積み上げて焼かれた。母も終戦の二週間後に、三ノ宮《さんのみや》駅のタイル床で横たわったまま亡くなった。遺体は春日野墓地《かすがのぼち》まで運び、髪の毛と爪だけを受け取り焼かれた。その後、博一は三宮《さんのみや》の地下道をねぐらとする。

学童集団疎開中に孤児に

藪内義和《やぶうちよしかず》は戦時中に父母が相次いで結核で病死し、神戸の祖父母に育てられる。兵庫区の切戸《きりと》町に住み、道場《どうじょう》国民学校三年生のとき、鳥取の赤崎《あかさき》村へ集団疎開をした。お寺を宿舎としていたが、食べものは乏しく、畑から果物やサツマイモを盗ったこともある。戦争が終わり、一〇月に兵庫駅に帰ってきたが、迎えに誰も来なかった。同じく親が迎えに来ていない数人の児童がいた。実は、祖父母は三月一七日の空襲で亡くなっていたが、そのことは集団疎開中に知らされなかった。兵庫駅へ戻った後、数人の子どもたちと、神戸駅の西側あたりの闇市で、何かをかっぱらい、刀を持った男に追いかけられて怖い思いをした。その後、義和は戦災孤児等集団合宿教育所（有隣学舎《ゆうりんがくしゃ》）に入所する。

村上清子《むらかみきよこ》は父母、二人の弟と須磨区に住み若宮《わかみや》国民学校に通っていた。二年生のとき、龍野《たつの》町に集団疎開をした。一九四五年三月に父が病死したため一時帰宅する。葬儀が終わり再び集団疎開地に戻ったが、六月五日の空襲で、母が負傷したため集団疎開地から帰ってきた。母がおんぶしていた下の弟は爆弾の直撃で亡くなり、上の弟は母と一緒に逃げていたが怪我もなく助かった。母は若宮国民学校の机の上に寝かされていた。周りにもたくさんの人が寝かされていた。母は全身にやけどを負い、身体にウジ虫が湧き、這いまわっていた。母は何の治療も受けていなかった。「苦しいから親類のところへ行って薬を貰ってきて」と母に言われて行ったが、教室に戻ってきたときには、母が寝かされていた机の上は整理され何もなかった。空襲から一七日目のことである。母がどうなったか分からず遺骨はないままである。その後は、集団疎開地には戻らず、父方母方の親戚を転々と預けられ、弟も同じく、別々に親戚を転々とした。その後、清子は戦災孤児等集団合宿教育所（有隣学舎）に入所、弟は学齢児でないため他の施設に入所する。

三　集団疎開中に孤児となった児童

表1　戦災孤児等集団合宿教育所収容該当者数　単位：人

都市名＼収容数	戦災孤児数	その他該当者数	計
神戸市	47	126	173
尼崎市	10	15	25
西宮市	6	5	11
芦屋市	2	7	9
武庫郡	9	0	9
姫路市	3	0	3
明石市	9	0	9
計	86	153	239

（出典）兵庫県『兵庫県教育史』1963年.

戦災孤児等集団合宿教育所の設置

政府は一九四五年九月八日占領軍の進駐を考慮し「集団疎開学童保全のため当分継続するように」指示を出したが、九月二六日になって文部次官通牒により、「遅クモ一一月中ニハ復帰ヲ完了セシメルコト」と指示した。神戸市では一〇月一三日西須磨《にしすま》国民学校の岡山県邑久《おく》郡今城《いましろ》村疎開児童が最初の帰還となり、一一月中におよそ完了した。県下全体では一万八八五五人の学童が復帰し、秋の新学期からは焼け残った校舎で順次教育が始まった（西須磨小学校百周年記念事業実行委員会編集『西須磨の年輪　西須磨小学校百周年記念誌』一九九二年）。

戦災孤児の対策として九月一五日政府は「戦災孤児等集団合宿教育所の設置に関する件」文部省次官通牒を出し、

表2　戦災孤児等集団合宿教育所（有隣学舎）入所児童の状況

（1945年10月～1950年3月）　単位：人

	戦災孤児	孤児	父出征中	引揚児	浮浪児	家出	家庭不調	計
1945年度	23	3	1	0	0	0	5	32
1946年度	6	7	2	7	1	2	9	34
1947年度	0	6	0	3	0	0	1	10
1948年度	0	3	0	0	0	0	2	5
1949年度	0	3	0	0	0	0	2	5
計	29	22	3	10	1	2	19	86
%	33.7	25.6	3.5	11.6	1.2	2.3	22.1	100

（出典）有隣学園『伸びゆく有隣学園』1965年より筆者作成.

九都市、東京・横浜・川崎・名古屋・大阪・岡山・広島・兵庫県内の神戸・尼崎《あまがさき》に開設された。表1は兵庫県が開設にあたって一九四五年一〇月末に調査した人数である。県全体では戦災孤児数八六名、その他該当者数一五三名、計二三九名、このうち神戸市では戦災孤児数四七名、その他該当者数一二六名、計一七三名である。その他の該当者とは保護者の行方不明、未帰還者などが考えられるが、これについての詳細な資料はない。

県立三木高等女学校の二教室を借用

神戸新聞（一九四五年一〇月一五日）によると、「神戸市内には戦争のために痛ましくも戦災孤児が三百余名もできた。この戦災孤児のうち全然引取り手の身内もなく、さびしく集団疎開地で灰色の前途を憂へてゐる児童は五十七名を算へてゐる」と記されており、実際の人数は三〇〇余名か、もしくは一七三名なのか分からない。

神戸市では、市内は焦土と化し、「適当な場所」を学童集団疎開地であった三木町《みき》（今の三木市）の県立三木高等女学校の二教室を借用し、一九四五年一二月六日に開所式を行い、「平野《ひらの》国民学校三木分教場有隣学舎」として発足した。

開所当初は六〇名ほどを予定したが、一九四六年三月末までの入所児童は三二名、このうち戦災孤児は二三名、一九四六年四月から四七年三月末までの入所児童は三四名、このうち、戦災孤児は六名であり、一九四七年度以降戦災孤児の入所はなく、入所した戦災孤児の総数は二九名である。一九四五年一〇月に調査された戦災孤児四七名の六割である。

兵庫県内の他の一ヵ所は尼崎市に開設されたが、市内は焦土と化しているため有馬《ありま》郡道場《どうじょう》村（今の神戸市北区《きたく》道《どう》場《じょう》）の施設を転用して、一九四六年二月戦災孤児等集団合宿教育所を尼崎市立城内《しろうち》国民学校分教場として開設した。一九四七年二月当時、入所児童数は一〇名で、対象の該当児童数（尼崎市、西宮《にしのみや》市、芦屋《あしや》市で計四五名）の二割程度、入所児童のうち七名は保護者として母がいることから、三名のみが戦災孤児である（尼崎市『尼崎市戦後教育史』一九七四年）。神戸市と同じく該当者の入所数が少ない。

「貰い児」となった孤児

多くの収容該当者が存在しながら、戦災孤児等集団合宿教育所に保護されなかった理由の資料はない。多くは親族などに引き取られたと考えるが、新聞記事には「父母なき戦災孤児を貰い児にと集団疎開地の村民から申し出があった」（『神戸新聞』一九四五年一〇月九日）「戦災孤児を貰い受け渡し　神戸では既に半数が温かい家庭へ　中には一校八名のうち二名だけが残った。貰い子に人気があるのは十歳前後の女児」（『神戸新聞』一九四五年一一月二〇日）と記されている。多くの学童が「貰い子」となったようである。当時、国の戦災孤児等の保護対策は①個人家庭の保護委託②養子縁組の斡旋③集団保護であったが、保護施設の整備もない状況では①②での対応が優先、戦災孤児に対する人々の憐憫の情とあいまって、制度的な支援体制のないまま、「貰い児」として引き渡されたのである。

四　焼け跡に残された孤児が浮浪児に

闇市と孤児・浮浪児

敗戦直後から三ノ宮《さんのみや》駅から元町《もとまち》駅までの高架下と南側に大規模な闇市ができ、一五〇〇店舗の規模がある「三宮《さんのみや》自由市場」、三ノ宮駅の西南には五〇店舗ほどの飲食店「ジャンジャン市場」が出現した。一ヵ月後に米国軍一万一〇〇〇人が進駐、今の阪急神戸店の南にイーストキャンプ、神戸駅から福原南《ふくはらみなみ》にかけてウエストキャンプを設け、カマボコ兵舎が立ち並んだ。「神戸に行けば仕事も、なんでもある」と大勢の人が流入して、家なき大群が街にあふれた。「餓えの死體　神戸に日毎十人　湊川公園《みなとがわこうえん》を中心に省線高架下」（『神戸新聞』一九四五年一〇月二八日）の状態であった。市は一二月から浮浪者に毎月二回、三宮、神戸駅、大正筋《たいしょうすじ》などで巡回給食や健康診断をしているが、対象者のごく一部でしかなかった。

県は一二月長田《ながた》区の元県立代用精神病院であった建物を戦災援護会新生寮《しんせいりょう》とし、市内各駅の構内や、公園等を回り罹災者を収容した。栄養失調などにより、トラックで輸送中に死亡する者も多く、悲惨な有様であった（兵庫県援護会『兵庫県援護会四十年史—新生寮の歩み—』一九八七年）。孤児・浮浪児も収容されたようだが、児童については、県立農工学校長《のうこうがっこうちょう》（少年教護所）や、空襲により施設を焼失したが青谷灘《あおたになだ》教会堂を借りて事業を継続していた、少女の司法保護所武庫乃里《むこのさと》園長が街頭に出て孤児・浮浪児を保護していた。

内藤兄妹「捕まればサーカスに売られる」

内藤博一は食料の配給があると聞いて、焼失した自宅近くの吾妻国民学校へ行ったところ、学童集団疎開から戻ってきた妹がいた。妹を引き取り再び三宮へ戻り、兄妹は三宮の阪神電鉄《はんしんでんてつ》の地下道をねぐらにし、ジャンジャン市場や闇市の店から食料などを盗んで食いつないだ。他の浮浪児たちも、高架下や地下道、焼け残った金庫をねぐらとして、靴磨き、くず拾い、闇市での「かっぱらい」「残飯あさり」や、闇市の中国人、台湾人、朝鮮人、日本人の「使い」をして食いつないだ。浮浪児たちは、「浮浪児狩り」「ルンペン狩り」が始まるといっせいに逃げた。内藤兄妹は「子取りがきて、捕まればサーカスに売られる」と思っていた。

内藤兄妹は一九四五年の冬が近づく頃、武庫乃里園長について行き保護された。

五　孤児・浮浪児の保護（児童福祉法施行前）

保護施設

敗戦直後の生活困窮などにより、保護者のもとを離れて浮浪児となる児童も加わり、一九四六年三月頃において、靴磨きなどになって巷に浮浪する学齢児が七、八〇〇人ほどいると学務当局で調査している。これに対し、学務当局は有隣学舎の入所児童が少ないことから、全市校長会で「有隣学舎にあずける方がよいと思われる子供が有れば校下からあげてほしい」と提唱し、また、兵庫県厚生課、各種の事業団体が児童保護委員会を設けて、教師、警察官、方面委員（今の民生児童委員）五〇名で指導班を作り、浮浪児を県立農工学校（少年教護所）へ収容した（『神戸新聞』一九四六年三月二八日）。しかし収容数も少なく、また、浮浪児が従前の指導や更生の対象として扱われることや、貧弱な食生活のため児童たちは施設生活に定着しなかった。

一九四六年九月には浮浪児が多く集まる東京、神奈川、愛知、京都、大阪、兵庫、福岡の都府県知事に「主要地方浮浪児等保護対策要綱」が示達され、これにより保護施設として、一九四六年一〇月、県立立行荘《りつこうそう》（定員一五〇名）開設、同年一一月、市立子供《こども》の家《いえ》（定員一〇〇名）開設、一九四七年一〇月県立東風寮《とうふうりよう》（定員七〇名）が開設した。

社会事業施設

空襲で焼失した社会事業施設（今の社会福祉施設）が児童の保護を始めた。神戸《こうべ》婦人同情会《ふじんどうじようかい》は、兵庫県から尼崎市の旧大阪陸軍衛生材料廠の土地・建物の無償貸与を受け、一九四五年一二月孤児・浮浪児を保護する園田《そのだ》寮《りよう》子供《こども》の家《いえ》（一五〇名）を開設する。戦前、海外移植民の保護にあたっていた神戸《こうべ》協和会《きようわかい》は、一九四六年八月県有民営の神

表3　神戸真生塾の収容児童数（入所理由別）　　単位：人

	浮浪児	孤児	棄児	貧困	引揚	迷子	混血	戦災	虚弱	不詳	計
1945年度		9									9
1946年度	15	9	9	8	8	3	1			2	55
1947年度	8	11	16	8	7		1			3	54
1948年度		2	19	27	2	2		5	2	3	62
1949年度	2	1	15	17		1	1				37
計	25	32	59	60	17	6	3	5	2	8	217
%	11.5	14.7	27.2	27.7	7.8	2.8	1.4	2.3	0.9	3.7	100

（出典）神戸真生塾入所児童台帳から作成.　（注）1945年度は8月から1946年3月まで.

戸協和会双葉《ふたば》学園《がくえん》として、翌年一月より孤児・浮浪児の収容を始め、常時一〇名を収容している。

青谷灘《あおたになだ》教会堂《きょうかいどう》を借りて事業を継続していた少女司法保護所武庫乃里は、信愛学園《しんあいがくえん》と名称を変更し孤児・浮浪児を保護した。一九四七年四月には県より建物の委託を受けて移転、多いときでは二〇〇名を収容する。

キリスト教会関係者

その他、キリスト教会関係者が孤児・浮浪児を保護する。張徳出《チャントクチュル》牧師は朝鮮から布教のため来日、在日同胞が悲惨な状況にあるため、一九四二年頃から駅にいる浮浪児を保護していた。空襲により焼失するもバラックを建て、その後、空家を譲り受け、愛神愛隣舎《あいしんあいりんしゃ》を開設し約三〇名ほどを保護していた。共生会愛信寮《きょうせいかいあいしんりょう》の小原俊夫《こばらとしお》は一九四六年一二月から戦災者、引揚者、孤児等四〇人程度、恵泉寮《けいせんりょう》の斎藤宗治《さいとうむねはる》は一九四六年八月から米国軍牧師の協力により三〇名ほど保護している。これらの活動は敗戦直後のこの時期、十分な公的支援がないにもかかわらず展開された。

神戸真生塾

戦前からの孤児院である神戸真生塾《こうべしんせいじゅく》では、子どもたちが空襲で崩れた本館鉄筋コンクリートの中で暮らしていた。敗戦後、食料の配給は定まらず、米国基督教会関係者により、食料、日用品、衣類などの援助が行われ窮地を脱した。一九四七年七月に県有建物の移築、焼け残った本館建物の大修繕を行い、定員を一〇〇名とした。

神戸真生塾の各年度の入所理由の状況については表3のとおりである。一九四五年八月から一九五〇年三月までの入所児童二一七名の年齢構成は、六歳未満が六四・〇%、六歳以上一五歳未満二一・七%、一五歳以上二・三%、不詳一二・〇%で、主として乳児・幼児を保護していた。もっとも多い理由が「貧困」が二七・七%、次いで「棄児」二七・二%、「孤児」一四・七%である。戦争が、子どもたちへの直接的な戦災被害だけにとどまらず、家族の生活に大きな影響を及ぼしていたといえる。

これらの社会事業施設の保護にもかかわらず、街にはなお多くの浮浪児が存在した。

フラナガン神父の来神

一九四七年五月フラナガン神父が来神し、県知事、神戸市長、その他厚生、教育、警察関係者、民生委員と懇談、信愛学園の視察、神戸ベース（基地）での記者会見をし、一般市民への理解、新聞の責務を訴えた。離神後に、兵庫県および神戸新聞社は少年の愛護を一般に徹底させるため、児童保護施設、児童保護団体、兵庫軍政部などの関係者が一堂に集まる「児童福祉座談会」を開催し、「街からけそう浮浪児」「大規模な少年の町が必要」など議論された（フラナガン神父関連の記事は、『神戸新聞』一九四七年五月三日、四日、七日から作成）。

この頃から浮浪児の収容が活発に行われ、一九四七年一二月三一日の調査で浮浪児二〇〇名が発見、保護されている（洲脇一郎《すわきいちろう》「兵庫軍政チームが見た孤児・浮浪児」『神戸親和女子大学《こうべしんわじょしだいがく》　児童教育研究第五八号』二〇一九年）。

六　孤児・浮浪児の保護（児童福祉法施行後）

養護施設

児童福祉法の制定により、①明治・大正時代からの神戸真生塾、神戸《こうべ》報国義会《ほうこくぎかい》の育児部、神戸婦人同情会の育児部などが養護施設（今の児童養護施設）の認可を受ける。②戦中・戦後に孤児・浮浪児を保護した、愛神愛隣舎、恵泉寮、共生会愛信寮、神戸協和会双葉学園、神戸《こうべ》少年《しょうねん》の町《まち》、神愛《しんあい》子供《こども》ホーム、同朋学園《どうほうがくえん》が養護施設認可となる。③神戸は戦前から流入者が多く、これに伴い浮浪児が罪を犯すため、民間少年（少女）司法保護団体があり、戦後は浮浪児の保護を行っていた。児童福祉法の施行により、「児童虐待防止法及び少年法」が一九四八年三月末をもって廃止に伴い、信愛学園、基督教日本救霊会実業学院《きりすときょうにほんきゅうれいかいじつぎょうがくいん》、天王谷学園《てんのうだにがくえん》、神戸愛隣館《こうべあいりんかん》、明星寮《めいせいりょう》が養護施設として認可を受ける。

児童福祉法施行後の児童の実態

『神戸新聞』（一九四八年五月二五日）によれば、「山家を根城にスリ学校」という見出しで、「神戸駅、湊川《みなとがわ》でうろついていた浮浪児にパンやまんじゅうを与えて連れ込み、一ヵ月教えて、その後稼ぎに出されていた主として少年たち二〇名が検挙された」という記事にみられるように、浮浪児が犯罪に引き込まれる事例があとをたたない。

一九四八年九月、国の「浮浪児根絶緊急対策実施要綱」が閣議決定され、一一月に都道府県に示達された。その要点は、浮浪児を利用する者の取り締まり、浮浪児に対する保護取り締まりなどである。市は一九四八年一一月九日市内の「浮浪児取り締り」を行ってそのほとんどを収容している。収容児は八六人（男児七三、女児一三）、年齢は一三歳から一五歳までが一番多く、浮浪の原因は捨て子三〇人、孤児二六人、家出二五人、他五人である。年齢が高くなれば施設生活になじまず、また街で日雇い、靴磨きなどで収入を得て、自活している浮浪児を施設生活になじませることは並大抵ではなかった。

シーツ、毛布を持って逃げる

一九四九年五月から中央児童相談所の相談調査員（その後児童福祉司）になった岩本清子《いわもときよこ》によれば、児童相談所の設置後は進駐軍が定期的に「浮浪児狩り」をして、ジープで一度に四、五〇人の児童を一時保護所へ連れてきた。児

表4　1949年度　養護施設入所児童の保護原因　　単位：人

事項	浮浪	孤児	家出	被虐待	貧困	捨児	家庭不和	不良化	その他	計
男	151	409	107	23	299	30	10	41	100	1170
女	27	148	21	10	215	31	15	28	90	585
計	178	557	128	33	514	61	25	69	190	1755
比率	10.1	31.7	7.3	1.9	29.4	3.5	1.4	3.9	10.8	100.0

（出典）兵庫県民生部児童課「養護施設収容児童の保護原因調べ」1951年から筆者作成.

童を一列に並べて、記録をとるが、明確なのは自分の名前とねぐら程度で、年齢は推定、住所不定、親の名前不詳の児童が多かった。その後、シラミ取りのために衣服の熱湯消毒、風呂に入れて、わざと髪の一部を残し、かっこ悪くて逃げられないように散髪、靴磨き道具を取り上げた。しかし翌朝には五人ほどしか残っておらず、しかもベッドの純綿のシーツ、純毛の毛布を持って逃げていた。シーツや毛布を持ちだしたのは三宮のジャンジャン市場で売るためである。児童が逃げるのは、一時保護所の食事はすいとんだが、街では靴磨きをし、米兵に乞うて銀シャリ、肉、魚が食べられたからである。残った子どもたちは児童養護施設職員が連れにきたとのことである（児童相談所の歴史を学ぶ会『子どもと歩んで、岩本氏の語る戦後の児相史』一九八三年）。

兵庫県下各児童相談所と神戸市警の浮浪児調査

『兵庫県児童白書』（兵庫県社会福祉協議会、一九五二年）によれば、一九五〇年中の兵庫県下各児童相談所取扱人員は取扱三三一七人中、要養護児九八九人、浮浪児八三九人、孤児五五〇人、家出五一四人、その他三二五人である。一九四九年の中半頃から浮浪児にも変化が現れ、それまでの街頭にあふれていた戦災孤児は出るだけの数が出て、「専門浮浪児で、保護しても逃亡し、深い内面的な理由がひそんでいるものと思う」とのこと。「専門浮浪児」と記されているが、施設生活になじまない一定の児童が顕著になってきたといえる。

兵庫県下養護施設の入所児童の状況については、一九四九年度では、表4のとおり、孤児五五七人（三一・七％）、浮浪児一七八人（一〇・一％）である。一九五〇年度以降、孤児・浮浪児は絶対数・割合が共に順次減少している。

浮浪児から「無宿者」、安宿生活者へ

孤児・浮浪児の養護施設への入所は減少傾向にあるとはいえ、街にはなお浮浪児が存在した。神戸市警の一九五〇年七月から一九五一年七月にいたる神戸市内の浮浪児実態調査によると、表5のとおり、その数は一八六八人、性別では男が八〇％を超える。年齢別では一四歳未満、一八歳未満、二〇歳未満がそれぞれ三〇％を超え、多くは仕事をしており、日雇労務者が約二五％と最も多く、以下、靴磨きなどになる。女では「こじき」が最も多く、「売いん」もいる。仕事をして収入があり、安く食事を得ることができるため、施設での生活になじまなくなってきたといえる。

一九五七年七月、神戸市および神戸市社会福祉協議会が三ノ宮駅、神戸駅を中心に「無宿者」（いわゆるホームレス）一六五人の実態調査を行った内容は表6のとおりである。

表5　職業別浮浪児数（1950年7月～1951年7月）

単位：人

職業	総数	男	女
総数	1,868	1,537	331
くつみがき	399	378	21
吸がらひろい	221	199	22
くずひろい	246	207	39
こじき	105	59	46
日雇労務者	472	457	15
売いん	16	—	16
サンドイッチマン	35	20	15
その他	374	217	157

（出典）神戸市『神戸市史　第3集』1962年「神戸市警局　1950年浮浪児調査の結果による」.

表5と表6（2）の項目を比較すると、「くつみがき」はないものの、表5の「吸いがらひろい」「くずひろい」は表6（2）の「拾いや」とほぼ同じ、表5の「日雇労務者」は表6（2）の「立ちん棒」「沖仲仕」とほぼ同じである。戦後十数年経過すれば児童はほぼ成人の年齢に達している。通常個人の職業が大きく変わることはない。とすれば、浮浪児が「無宿者」、安宿生活者（通称三〇円宿）などに移行したと考えられる。

おわりに

四人の戦争孤児の証言と当時の新聞記事、わずかな資料を手がかりに、敗戦直後の神戸の戦争孤児たちのおかれた状況をおぼろげにお伝えできたかと思う。証言をいただいた戦争孤児たちのその後や、当時、戦災孤児等集団合宿教育所（有隣学舎）や養護施設で生活していた子どもたちの証言については、拙著（『神戸の戦争孤児たち』共著、みるめ書房、二〇一九年）にまとめた。

戦中・戦後を生きた子どもたちの証言から、親が空襲などによる戦争の直接的被害に遭ったというだけでなく、親があまりにも若くして病死した様子がみえる。戦争による生活水準、医療水準の低下がもたらしたものと考える。戦争は、より多くの子どもたちに、より深刻に、権利と福祉を侵害している。

今後の課題として、一点目は浮浪児から「無宿者」（いわゆるホームレス）、安宿生活者としての流れは筆者の推察である。筆者はこれまで仕事として、ホームレス、簡易宿泊所、生活保護などにかかわってきたが、戦争被害との関係で捉えてはいなかった。この流れを明らかにし、戦争孤児たちの苦難の歴史を記録する必要があると考える。

二点目は、多くの孤児たちが里子や養子縁組となっているが、その実態が不明である。筆者の資料から、兵庫県は一九五〇年五月末時点で、全国で第三位

表6　「無宿者」実態調査（1957年7月25日調査）

(1)　年齢別　単位：人

年齢	19歳以下	20～29歳	30～39歳	40～49歳	50～59歳	60歳以上	計
人数	1	48	49	37	18	12	165
%	0.6	29.1	29.8	22.4	10.9	7.2	100.0

(2)　職業別　単位：人

職業	拾いや	サンドイッチマン	立ちん棒	沖仲仕	その他	計
人数	30	5	37	41	52	165
%	18.2	3.0	22.4	24.9	31.5	100.0

（出典）神戸市社会福祉協議会「市民の福祉第5号」1957年.

の「成績」で、里親二五二人、里子二八五人であり、全国初の集団里親村（一二の家族に一三名の里子）の「実績」がある。里親のうち、児童を入籍して養子縁組するものが相当数に上っていた。児童福祉法施行以前の、学童集団疎開中や保護施設から、里子や養子縁組がなされた事例も多くある。しかし、本人たちからの証言も得られず、実態が分からない。本人の成り立ちにかかわることであり、この方々の戦後史を明らかにすることは、養子縁組制度を個人の長い生活史で考えるうえでも重要である。いずれも個人情報の難しさもあり、公的な機関による研究が進むことを望む。

参考文献

厚生省児童局『全国孤児一斉調査結果』一九四八年
神戸空襲を記録する会『神戸空襲総集編』のじぎく文庫、一九七五年
社団法人日本戦災遺族会『全国戦災史実調査報告書　昭和五二年度』一九七八年
社団法人日本戦災遺族会『全国戦災史実調査報告書　昭和五七年度』一九八三年
白井勝彦・藤原伸夫『神戸の戦争孤児たち』みるめ書房、二〇一九年
新日本児童愛護協会『伸びゆく子』一九四九年
全社協　養護施設協議会『養護施設三十年』一九七六年
兵庫県社会福祉協議会『兵庫県社会事業要覧』一九五一年

Ⅱ部　空襲、原爆、引揚げと戦争孤児

——西日本の孤児の諸相——

第一章　愛媛と戦争孤児

水野喜代志

はじめに

二〇一九年七月二四日から五日間、第一七回平和展が松山市で開催された。特別企画として沖縄戦遺品展もあり、たくさんの参加者が陶器製の地雷や手りゅう弾などに見入っていた。この展示会には私の父が戦地から持ち帰った写真も何枚か展示されている。そこには残虐な行為をする兵士の姿が映っており、あらためて日本が武力で他国を侵略した証拠を残している。言い逃れはできない。私は毎年、亡き父に会うためにこの会場に足を運んでいる。父が晩年に「かわいそうなことをした」とつぶやいていたが、下級兵士の心情をどう理解したらいいのか、この写真を見るたびに「戦争責任」について考えさせられている。

戦争体験者も少なくなり、戦争への記憶も時間とともに忘れられてゆくのだろうが、それでも戦争の遺品は、平和の尊さ、戦争の残酷さ、死んだ者の無念さを訴えている。平和展のステージ企画として「沖縄の今」（山本翠）、「松山空襲体験談」（栗原美奈子）、「戦時下の教育、生活」（工水戸富士子）など体験者の貴重なお話もあった。

戦争孤児については、なかなか県内に資料が残されていないのが現状である。他の県でもおそらく同じ状況だろう。

「愛媛には戦争孤児はいない」と一般的にはいわれている。「戦争孤児」のカテゴリーがないのだ。その理由はいくつかあげられる。いまだに戦争孤児そのものの存在や問題に国民の関心が本格的に向いていないこと。戦争孤児だったことに対する差別や偏見のトラウマがあり、自分自身が体験を開示することになかなか勇気が持てないことなども考えられる。また戦争孤児をとりあげる有識者や研究者も少なく、ほとんどの国民がそのことに関心をもつこともなく時間だけが過ぎていったことなどもその理由になるだろう。県内の女性史サークルに所属する人々は社会運動や市民運動にいち早く反応するアクティブな人々だが、戦争孤児についての記述は見あたらないようだ。

県内に戦争孤児たちは存在したのかしなかったのか。存在していたのならどこへ消えたのか。それはその存在を追及する研究者にも、何のために戦争孤児について研究するのか、しっかりした問題意識や学問的姿勢が求められることでもある。

本章ではまず愛媛県と他県との戦争孤児のデータの比較から、愛媛県での孤児を生み出す社会的背景の概要を試みている。また実際の戦争孤児の方お二人を紹介する。施設関係（現在の児童福祉施設）の資料等も取り上げている。そして戦争孤児の救済のために奔走した県内の二人の慈善事業家を取り上げた。そしてこの章のまとめとして、この章に対する筆者の感想や思いを述べておきたい。筆者は平和が何より大切と考えているし、二度と戦争孤児を生み出してはいけないと心に誓っている。読者の皆さんがそれぞれの地域社会で、戦争孤児の存在を忘れないでいただきたいと思う。

一　愛媛の戦争孤児が生み出される背景

孤児の概要

愛媛県にはどれだけの戦争孤児がいたのかを知る手がかりは、厚生省児童局企画課が調査した「全国孤児一斉調査結果」（一九四七年一二月六日厚生大臣官房会計課長連盟通牒）でその概要を知ることができる。ここではこの調査を前提に、四国の戦争孤児について若干触れてみたい。

この調査は一九四八年二月時点のものなので、終戦後二年半経過した頃である。戦争孤児の数は約一二万人といわれているが、全国の孤児の数が一二万三五一一名（男六万八四八七名・女五万五〇二四名）のこの調査が根拠となっている。次の二つの表は四国各県と全国の数値の高い都道府県を比較している。なお紙面の関係で参考にした都道府県のみ掲載し整理している。

この調査での孤児の概念を少し整理しておこう。この調査での「戦争孤児」（浅井、二〇一七）とは、空襲によって親や家族が死亡し子どもだけが取り残された孤児を指す。引揚孤児とは、中国などから引揚げる途中で親が死亡したり、家族が離散した孤児をいう。棄迷児とは空襲で親と離れ離れとなった孤児、一般孤児は学童疎開中に親を失った孤児を指している。

棄迷児は親との再会の可能性がないわけではない。しかし突然ひとりぼっちの身となり自分を守る人がいなくなることは、今までの生活環境が一変することだ。不安、絶望感、孤独感など子どもにとっては手に負えない問題が突然おおいかぶさってくる。

上の表から愛媛県の孤児について概観するなら、下記のことがいえる。愛媛県（以下は県内と略）には約二〇〇〇

表1　孤児の年齢別保護者別

都道府県	計	年齢別（歳は省略）					施設に収容保護されているもの	祖父母、兄姉、親戚、知人その他により保護されているもの	保護者なくして独立して生活を営むもの
		1～2	3	4～7	8～14	15～20			
広島	5925	14	56	855	2617	2433	456	5519	
神奈川	2486	118	40	257	1129	942	655	1783	48
兵庫	5970	16	29	588	2807	2530	662	5045	263
東京	5830	58	44	497	2535	2696	1703	3861	266
愛媛	1998	5	9	235	988	761	<u>61</u>	1877	60
高知	1465		4	187	711	563	34	1404	37
徳島	1680	4	5	204	864	603	41	1557	82
香川	1525	3	10	193	695	624	143	1306	76
総合計	123511			13213	57731	51294	12192	107108	4201

（注）空白もあるが原本のままである.

表2　孤児の総数種類別調

都道府県	戦災孤児	引揚孤児	一般孤児	棄迷児	計
広島	2541（226）	563（74）	278（111）	90（5）	5975（456）
長野	424（77）	681（20）	1716（103）	24（3）	2845（203）
兵庫	1453（266）	262（48）	4419（294）	106（5）	5970（662）
大阪	1140（430）	262(38)	2703（650）	326（295）	4431（1413）
愛媛	387（20）	182（5）	1404（23）	25（3）	1998（<u>61</u>）
高知	289（6）	147（2）	1008 (24)	21（2）	1465（24）
徳島	427（10）	103（1）	1133（26）	17（4）	1680（41）
香川	328（33）	131（14）	1049（88）	17（8）	1525（143）
総合計	28248（4055）	11351（1140）	81266（5508）	2647（1501）	123511（12202）

（注）（　）は収容保護施設施設内の児童数．アンダーラインの数値は，61とあるが，計算上では51と思われる．四国各県と比較するうえで，愛媛県にはスクリーンをいれている．各孤児のカテゴリーの中で一番数値の高い都道府県を太枠で囲んでいる．

名ほどの孤児が存在していて、しかも八歳から一四歳の孤児が多く、あと四年もすれば孤児も一八歳となることを考えるならば、その間の就労対策が急務の課題だといえる。施設に収容保護されている孤児数は、四国の他の県に比べて香川県が一四三名と断然多い。愛媛県でも孤児に対する施設の収容比率は三・〇％であることを考えると、香川県の施設収容率は九・三％となっている。それだけ当時の施設の国家的な活用がなされているのではと思われる。施設機能が活用されている分だけ、家族や親戚などの保護は減少しているともいえる。

広島の孤児数をみると、今さらながら原爆被害が大きかったことが認識される。広島県と向かい合う愛媛県にも原爆孤児の消息が散見される。引揚孤児数が長野県が一番多いのも、満洲への開拓民が多かったことからも容易に想像できる。四国四県の引揚孤児数の合計数より多いのであるから、その引揚孤児への対策は注目されるところである。

戦争孤児たちの存在が私たちの眼の前に出現するのは、空襲被害、戦地からの引揚げ、学童疎開の場合などに顕著に表れる。それぞれについて県内の状況を簡単に述べておこう。

愛媛県の満蒙開拓団は二二〇〇人、青少年義勇団二三二五名、合計四五二五名が大陸に渡ったとされる。知人や親戚の口利きで満洲へ渡ったという人も加えるとその実数は正確にはわからないのが本当だろう。ソ連の侵攻や終戦という、秩序が大きく乱れたときに戦争孤児は生まれる。海を渡って帰国した引揚孤児が、命からがら日本に帰ることができた経過をみると、命があっただけ幸いだったといえる。

愛媛県は空襲を受けている。予科練のあった宇和島《うわじま》市、航空隊基地や重軽工業の集中する松山市、造船の町の今治《いまはり》市に空襲はほぼ集中している。戦争を支える基幹産業の都市が爆撃の標的となる。宇和島市の空襲では延べ二七八名、松山市の空襲では延べ三二九名、今治市は延べ四五四名が亡くなり、一九四五年の四月から八月の終戦までに集中して、合計一〇六一名が死亡（『愛媛県史　近代下』一九八八）。

学童疎開については、四国（高知県を除く）では大阪などの生徒を学童疎開で受け入れている。松山市立久米国民学校の学童疎開児は、大阪市立朝日国民学校の児童六八名が近くの極楽寺に宿泊し、約一㌔の距離にある学校へ通っていた。その後情勢が悪化し一部は帰郷し、愛媛に残った児童は県内の温泉《おんせん》郡川内《かわうち》村へ再疎開している（『松山市立久米小学校百周年記念誌』一九九一）。記念誌は彼らがその後どうなったかについては触れていない。児童の消息はそこで中断する。

愛媛県が学童疎開を受け入れたのは、大阪の此花《このはな》区の国民学校の児童たちである。県内では寺院（寮）や公民館、集会所で二五四二名の学童疎開児童がいた（一九四五年五月一五日調）。しかもその間、度重なる空襲で疎開児童の出身の国民学校はほとんどが全焼あるいは半焼となっている。帰る母校はすでになかったのである。死者数などの詳細はまだ不明のようであるが、親元を離れる疎開という手段は、かえって親子の生死を分けることにもなる。当然一般孤児が出現することも考えられる。

空襲を生きのびた戦争孤児

二〇一九年五月一〇日に開催された「宇和島空襲死没者追悼平和祈念式」で、「宇和島空襲を記録する会」の代表である黒田美知子さんが、以前聞き取った戦争孤児の方の話を述べている。下記の文章はそのときに朗読されたものである。

一九四五年五月一〇日にはじまったB29の攻撃は、六月七月八月と続き、降り注ぐ焼夷弾により、人々は猛火に追われて逃げまどっていました。知人の安否を確かめようと、村の若者が一人大八車《だいはちぐるま》を引いて駆け出しました。やっとの思いで北宇和島（宇和島入口付近）までたどり着きましたが混乱の中、これでは市内にはとうてい入れないと引き返そうとしたとき、若者は微《かす》かに聞こえる子どもの泣き声を聞きました。いぶかしく思って辺りを見回すと、やっと立っている小さい足とその傍らに倒れている母親らしきひとの姿が目に入りました。

我が身さえ生きのびるのに必死のありさまで、誰も子どもに声をかけようとはしない。このままでは子供が危ないと、若者は人の流れに逆らいつつ子どものもとにたどり着きました。声をかけると、子どもは涙とススで汚れた顔を向けて一層激しく泣くばかりでした。

足もとに倒れた母親は声をかけても揺すってもピクリとも動かない。もう絶命しているのでした。若者は子どもを抱き上げ、持ってきた大八車に子どもを寝かせ、もと来た道に駆け出していきました。

結婚したばかりの妻はどう思うかと不安でしたが、事情を聞いた妻は子どもを優しく受け入れてくれました。汚れた身体を洗い、何とか食べさせると子どもはすぐ寝入ってしまいました。このままそばに置きたいとの思いと、身内を捜して返さねばならないとの気持ちのはざまで心が揺れます。泣き声を訝《いぶ》かる近所には、「親戚の子を預かっている」と言い、重湯やおかゆ、ヤギの乳を与え、おむつや着物を縫ったり貰ったりして過ぎてゆきました。やがて片言もしゃべりだすし、歩くことも上手になってきました。

あの夜の事は墓場までもって行こうと夫婦で約束していましたが、ある日子どもの母親の身内だという人が訪ねて来ました。さすがにその時は別れを覚悟しました。しかし子どもがなつかず、引き取りに来た親戚も夫婦の暮らしぶりを見て安心して帰ってゆかれました。その折に子どもの年齢が一歳八ヵ月だったことがわかり、そのまま実子として役場に届けたのです。その後授かった二人の娘と幸せな日々を過ごしましたが、小学校で〝貰《もら》いっ子《こ》〟といじめられる息子が不憫《ふびん》で、とうとう他県に移り住んだのです。

やがて本人が、血液型の違いから実の親子でないことを知ってしまいました。体格や面差しの違う養父に反抗したり、実母を想い涙する日々もあったようです。養父母は重い口を開き事実を伝え、やがて高校にも進学させてくれました。

七四歳になった今、「長い間フタをした記憶をたどり、やっと人に語ることが出来た」と、父母から聞いた当時の様子を話していただきました。

そして「養父母は私を黙って連れ帰り実子にしたことを、最後まで負い目に感じていたのではないか」と気遣《きづか》ってもおられます。現在は、野菜を作り俳句を趣味として穏やかな日々をおくっておられますが、それでも、「私の生い立ちになにか心当たりのある方がおられたらお会いしたい」とも言っておられます。

戦争はこのように生死を分け、日常生活を断絶させ、親子の関係を理不尽に奪うものである。そして奪われた人間関係のつながりは心のどこかでアイデンティティを追い求めているものなのだということを改めて教えられるのである。

引揚者の戦争孤児

松山市内の住宅街に住むＴ・Ｉさん（九二歳）のお話も簡単に紹介しておこう。中国の旅順《りよじゆん》で一八歳まで過ごし、愛媛県吉田町（現宇和島市）に帰国された経験をもつ。彼女は「戦争孤児たちの戦後史研究会」の松山市開催の報道をきっかけに声をかけていただいた方である。

家は果樹園をしていました。ソ連が侵攻してからは、身を守るために頭を丸坊主にしたり、眼鏡のように眼のふちに色を塗って外出しました。一八歳まで当地にいましたので記憶はいろいろ残っています。思い出の品は現地ですべて棄てさせられたので手元には残っていません。人間としてしてはいけないものも見ましたよ。汽車の窓から子どもを外に放り出したり……。なんであんな残酷なことまでしたんでしょう。現地では従軍看護婦をしていたんですが免許証なども捨てさせられました。小学校のときに先生が「自分の本籍地と家系について」の宿題を出されたことがあってね。そのときに祖父が愛媛県の出身だということが分ったの。そしてひとりで「高砂《たかさご》丸《まる》」で京都の舞鶴《まいづる》に降りたのよ。そこから汽車にのって故郷をめざしたの。乗客が降りるたび、だんだんと乗客も少なくなってくる。闇を見つめながら本当に心細かったわ。やっとたどり着いた南予《なんよ》の故郷で親切な方に声をかけられてね、家を捜してもらった。看護婦の免許を再度取り、病院に勤めることができた。中国服を着ていたことが新聞に載ってね。その記事を親戚の方が目に留めて会いに来てくれたの。寂しいときは先祖のお墓を抱いて泣いていたこともある。それでも病院で働いていた頃は楽しかったわね。「この頃が一番楽しかったね（同僚たちと映ったアルバムを開いて）」。「引揚者同士でアカシア会という団体もあったんだけど、連絡も来なくなって久しいですね。私が一番の年少者だったから、もうほかの方々は亡くなったのでしょうね」

このケースは、自ら手をあげていただいたからその存在がわかった例である。県内にはこのような引揚者が他にいないとはいえないのではないか。また何かの事情で愛媛県から県外へ離れていく場合もあるだろう。私たちがその存在を知ろうとしていないだけなのではないのか。

児童福祉施設と戦争孤児

①慈恵会の受入孤児たち

戦争孤児の救済に施設が大きな役割を果たしたことは、他の都道府県でも同様であろう。施設は何といっても衣・食・住の整備において大きな役割を果たす。たくさんの戦争孤児を救済しようとする場合も合理的な方法として施設はその機能を発揮する。

松山にある愛媛《えひめ》慈恵会《じけいかい》は一九〇一年七月に設立。一九〇六年の東北飢饉の被害にあった児童二五名を救済した。愛媛県でも最古の歴史をもつ児童養護施設である。その八〇年史には「当時の悲惨な社会状況を端的に象徴したものは戦災孤児、浮浪児、そしてぞくぞくと帰って来た引揚孤児であった。『笑いを失った放心状態の引揚孤児』全く骨と皮という当時の子供達が思い出される。当会収容人員一九名中浮浪児三名、県外者一一名でその内八名が逃げ出すという次第で定着育成の形までに近めるのに職員が払った努力奮闘は大変なもので……」（『愛媛慈恵会創立八〇周年記念誌』一九八二）と記されている。かつて災害で罹災した子どもたちを救済した歴史のある施設でも、人為的な戦争犠牲者の子どもたちと災害罹災者への精神的ケアの質は異なるものがあるのではないだろうか。

②信望愛の家の場合

一九四六年六月一八日、戦争孤児M・Kを受け入れることで、児童福祉施設の設立に拍車がかかった事例がある。M・Kは、東京で罹災して、父母や兄弟も失い、四国の坂出《さかいで》（香川県）の祖母の所へ行こうとして東京駅で汽車を待っていた。そのとき親切な叔父さんに会い、「むこうでおばあちゃんに逢えなかったら、君たちのような子どもを世話してくれる人がいるよ」と言って名刺をくれたのである。その紹介をしてくれた人がキリスト教関係者であった。この戦争孤児救済事業は高橋菊《たかはしきく》らが中心になり、一九四七年五月四日恩寵財団同胞援護会《おんちようざいだんどうほうえんごかい》、コイノニア弘済院《こうさいいん》（後の児童養護施設松山信望愛の家）として出発した。しかし、このM・Kは東京へ脱走を繰り返したり、お金を持ち出したりして職員の手を煩わしていたようだ。しかしそういうことは実は彼だけの仕業ではなかった。「行き場がなく、寝る所もなく、道端で筵《むしろ》を被《おお》って寝ている子供、駅のホームで屯《たむろ》している子供、店頭に立って飢えをしのぐため食べ物を盗ろうとしている子供等々を救って連れて帰るが、来る子ども、来る子どもが、お金でも品物でも、何でもかでも手当り次第にかっぱらって逃亡する。張り詰めて頑張っていた若者達の努力も実らぬうちに水泡となる」（田中ミヨコ、一九九二）との記述もある。

戦災孤児が生活の糧を得るために食べ物を盗んだり、奪ったりする生活習慣は、環境が変わり良心的な人々に囲まれていても容易には変わらないようである。精神的な落ち着きを取り戻すためには、ひもじい思いをさせない食物の供給だけでなく、職員集団の信頼関係で築かれるやすらぎの時間がたっぷり必要なのだろう。

二　孤児救済に走った人々

ここでは、自分の意志にそって戦争孤児を救済した県内の二人の慈善事業家を紹介したい。戦争孤児の扱いは、大抵は「悲惨な子ども」像があり、同時にそれを助ける美談が大半との見方もある（『東予時報』一九四六年九月一〇日）が、極限状況のなかではときとして損得ぬきの打算を超えた事態が展開することもある。

中井モトエの「仕事」

①国策としての「大陸の花嫁」養成所

国道五六号線の幹線からはずれて、車で一〇分ほど行くと内子町《うちこ》五百木《いよき》の集落に着く。道路の左側の奥まった場所にある建物は、かつて和田小学校があった跡地である。その校庭の片隅に、一九六五年一二月に建立された「中井モトエ先生顕彰碑」が建っている。

石碑は、一八九五年六月八日内子町大字村前《むらさき》にて誕生した生い立ちから始まっている。一九三八年に彼女は満洲開拓団の視察団に参加。一九四二年愛媛県立女子拓殖《たくしょく》訓練所（後、訓練所と称す）が設立され、「大陸の花嫁」を養成し満洲に花嫁を送り出す。だが終戦を迎えて、この養成所は閉鎖。養成所はその後、満洲からの引揚孤児収容所として孤児を育成した。戦後も中井の活躍ははなばなしく、婦人会幼児学級、民生委員、老人会、愛護班等の育成教化に貢献した、と述べられている。

五城《ごじょう》青年学校で教壇に立っていた中井モトエは、一九三八年一〇月一日大妻ユタカ女史を団長とした満洲移民視察団四一名の一員として、二〇日間現地調査に県内でただ一人参加。「からだが元気で農業に理解があり、学問を鼻にかけない、一家を経営する能力のある人で、年齢は二三〜二五歳」と大陸の花嫁像を描く。しかし訓練所の責任者を引き受けるとき、彼女は「訓練所に入った娘さんを、全員満洲へ行かせるという条件がないのだったら引き受ける」という約束を取り交わす。この訓練所は、国策に従って単純に花嫁を送り出す下請機関ではない、とクギをさしているのだ。内地を守る女性も必要だという認識だったようだ。それに満洲という風土や過酷な労働に堪えられそうもない女性は適性がないと判断し、満洲へは送ってはいいない。

満洲の現地調査を契機に拓務省は、全国に一六ヵ所の「大陸の花嫁」訓練所を開設した。そのうちの一つが、一九四二年一一月二八日内子町本町五城長岡山《ごじょうながおかやま》に設置されたのである。この事業は中井三蔵・モトエ夫妻が他の職員と共に心血を注いだ事業となった。

②訓練所の様子

入所募集は愛媛県の各郡より順次一五〜二〇名を募集。訓練期間は、長期が一ヵ月、短期は一週間。訓練所存続期間に長短期合わせて四三一名の開拓女子部隊員を世に送り出した。その中に結婚者二三組を誕生させている。大陸の花嫁の養成所としてその数は少ないかもしれない。さて国策に沿った訓練所の教育とは、どういうものだったのだろう。朝五時から六時に起床。部屋掃除、整頓、朝礼。点呼の後は国旗掲揚、君が代斉唱、礼拝。朝食前に体操、武道、かけ足、作業。昼間は講演、農作業、生花や炊事など花嫁修行。夜は常会、座談会、読書、唱歌、詩吟。就寝は九時半から一〇時。この時間割は、現在からみるとかなりハードだ。中井夫妻たちの訓練所の事業をどう考えるかは、その歴史的背景や侵略戦争の観点抜きには語れないだろう。が、心血を注ぐ訓練所の彼女の事業は時代の歴史的変化の中で、むしろ引揚孤児の救済にこそ、その魂を発揮したのではないかと思われる。

図1　内子町本町五城長岡山にある訓練所・収容所の跡地

戦前戦後を必死で生き抜いた女性の生き方は、戦争遂行事業である大陸の花嫁養成から、戦争の犠牲を強いられた子どもの救済にその対象を変える中で、中井に新しい内面の変化がはじまったといえるのではないだろうか。

業にもなる。

③引揚孤児収容所と子どもたちの生活

『新編内子町誌』によれば、この収容所（若葉園）では一九四六年五月から四九年三月三一日閉園に至る間、全国各地から六回にわたり四九名の孤児を受け入れていたとの記述がある。しかし現在の内子町の住民でかつての収容所の存在を知る人は案外少ない。「戦争が終わって本当の戦いが始まった」といわれる戦争孤児たちが、戦後史をどのように生き抜いたのか、そこを明らかにすることは愛媛県の近代の地域社会史にとってもその空白を埋める大切な作業にもなる。

モトエ夫妻には子どもがなかった。送り出した花嫁の安否を気遣い、教え子たちが他国で惨めな姿でさまよう姿に夜も眠られない悶々とした日が続いていた。送り出した「大陸の花嫁たち」がやせ衰え、帰国もままならず、大陸で悲惨な生活を余儀なくされていることに責任を感じ自決も覚悟していたという。

一九四六年五月二八日、県社会課より「満洲の引揚孤児を引き取ってくれ」という要請があり、この収容所で彼らを救うことがせめてもの償いと感じ、夫妻は全力で孤児を引き取るのである。錦州《きんしゅう》から孤児一七名。牧師二神正夫に連れられてきた子どもたちの様子はおどおどしていた。本籍は北海道から九州までに及び、生後数ヵ月の赤ん坊をふくめて一五歳までの子どもたちだった。彼らに休養と適度な運動を与え、婦人会や地元の暖かい援助で野菜を作ったり、心を慰めるために動物も飼った。やがて新聞、ラジオの〝たずね人〟放送を通して、家族や親戚などが引き取りに来るのだった。しかし孤児たちは、大切に育ててくれた中井夫妻の元を離れたくなかったようである。

夫の死後もモトエは孤児を引き受け続ける。延べ一二回、四〇人。そのうち三八人は身元照会に走った結果、両親、親類等に引き取られていった。引き取り手のない最後に残った二名の孤児は満洲で父母を失った、つるをと玉雄の兄弟だった。この最後の二人は、松山の愛媛慈恵会（児童福祉施設）へ入所となった。一九四九年三月三一日に孤児の減少と共にその役割を終え、中井の宿題であった孤児院としての収容所は閉鎖となる。

以上が内子の引揚孤児収容所の要約である。実際の戦争孤児数については今後さらに精査してみたい。

戦争に何の罪もない子どもたちの命をギリギリのところで守り育てる姿は、教育者の普遍的な魂の在り方と実践の尊さを物語っている。国策に乗った「大陸の花嫁」養成所への献身的努力の方向は、やがて現地で親を失った孤児たちへの深い同情心に転化し、贖罪として救済の任に全力を投じることになってゆく。他の収容所では子どもが逃げ出すことが多々あったといわれるが、中井モトエの収容所ではそれを聞かない。戦争孤児たちを山の中で大切に育てることに彼女自身が「希望」を見出していったのだろう。

河野宗寛老師と慈眼堂

立間《たちま》はかつて愛媛県のみかんの名産地で県内で知らない人はいない。筆者が大乗寺《だいじょうじ》を訪れた五月の季節は、もみじの新緑が鮮やかで、それが光に映えて大変美しかった。お寺は庭の手入れがとてもよく行き渡っていた。この大乗寺は臨済宗妙心寺《みょうしんじ》派のお寺で一六五七年から続く由緒ある寺院である。伊達《だて》家吉田藩の菩提寺《ぼだいじ》であり、天井の梁《はり》にはかつてお殿様が乗ったのであろう駕籠《かご》がふたつ掛けられていた。このお寺を訪れた理由は、この寺のご住職であった河野宗寛《こうのそうかん》老師が第二次世界大戦直後、大陸からたくさんの孤児たちを日本に連れ帰ったという話を聞いていたので、その辺の事情を聞きたいがためであった。お寺の方に訪問の主旨を告げると、『一禅僧の自伝』（河野、一九七〇）を紹介していただいた。引揚げ当時の現地では、誰も自分が生きることに精いっぱい、家族を守ることで必死のときであろうに、愛媛の地にそういう方がおられたのかと驚いたものだ。

①河野宗寛と孤児たち

河野宗寛老師は一九〇一年一月二一日に大分市で誕生。一九七〇年二月に六九歳で亡くなられている。一九三九年四月にこの大乗寺の住職に就任。その二年後、旧満洲国新京《しんきょう》（現長春）妙心寺別院に赴任し、戦争の混乱の時期にその別院を戦争孤児たちに解放する。その孤児院は慈眼堂《じげんどう》とよばれた。やがて三〇〇名の孤児とともに引揚げ、大乗寺

図2　慈眼堂の孤児,保母,職員一同（河野宗寛『一禅僧の自伝』春秋社,1970年）

に帰山。実際にこの立間の大乗寺に赴任されていた期間は四年ばかりではあるが、戦争孤児たちを見捨てなかった骨のある宗教家である。

河野宗寛老師は、内乱が続き治安が悪化し、引揚げ者が日に日に増え続ける新京の地にあって、母を失い路傍に迷う戦争孤児を救済することを決意する。彼の師（臨済宗方広寺巡第三代管長　足利《あしかが》紫山《しざん》〈一八五九年四月一日～一九五九年一二月三〇日〉大分市に孤児や貧困孤児を収容した大分育児院の創設者）も四五歳のとき、日露戦争後、大分で孤児院を創立した人物である。老師は奇しき因縁を思い起こしている。

一九四五年一一月一一日中西清治君を収容。一一月一八日には孤児は二五名を超えた。孤児院創立の意思に賛同する人々が協力し、保母一名、職員七名でこの事業は始まった。開堂式の孤児たちは大人しく、咳ひとつせず静粛《せいしゅく》な姿で佇む。それは礼儀正しいというより、戦争の怯《おび》えの中で「笑い」を忘れた孤児の姿であり、老師は心を痛めたという。一二月一八日には四六名に孤児は増え、年末には五八名と増え続けた。やがて四六年四月には一〇〇名を超えた。孤児は増え続けてゆく。

あまりに大所帯となった孤児院は、孤児の共同的な精神を培うにはいいが、家庭的な温か味に欠けるところがあると考え、家庭への分散委託を行うという方針を立てた。

引揚げ直前まで収容孤児一五〇余名中三五名を二三家庭に委託。孤児たちはその家族と同伴で帰還。また収容孤児のうち一九名は復員の父親や親類縁者に引き取られていった。夭折した子どもは九名。施設から逃走した孤児は六名いた。荒廃し危険極まりない世の中にあって、逃走した孤児らを捜しあぐねた保母たちの心境はいかばかりであろう。酷寒の満洲では、食事より暖を取る石炭が貴重である。寝小便がしばしば命取りとなる。服を外へ置くだけで虱《しらみ》は死滅した。そんな環境の中で、まがりなりにも衣食住を与えられる施設の慈眼堂は、その存立の役割は大きかったといえる。またソ連軍や中共軍などの政治勢力の渦中で、河野老師たちは命がけで慈善事業の孤児院を守り通したのである。

①満洲から、いよいよ日本へ

慈眼堂が政治的に中立の立場を守り独立していたことは重要な意味を持つ。どの勢力にもおもねない態度は、かえって多くの同情的支援や日本民団から高粱《こうりやん》の支給を受け、信者の人々から費用を喜捨した。子どもには日本字新聞売りから豆腐づくりにも参加させている。さていよいよ帰る引揚部隊は五〇〇名となっていた。その内訳《うちわけ》は、慈眼堂の孤児は一七〇名。新京神社、本願寺《ほんがんじ》・天理《てんり》教・天台《てんだい》・立正《りつしょう》等の他寺院と合流して、総計三〇〇名の孤児集団ができあがっていた。保母や職員、付き添いを含めると五〇〇名の大集団である。河野宗寛が名誉隊長、坂本主事が隊長、保母三〇名が重要なメンバーである。二八日胡蘆島《ころとう》へ到着しＤＤＴの消毒を受ける。そこを離れ、いよいよ佐世保へ上陸する。

その後福岡市にある海浜の松風園《しようふうえん》（戦争孤児収容所）に到着。福岡市には、松風園以外にも博多に聖福寮《しようふくりよう》という戦争孤児収容所もあった。河野の著書『一禅僧の自伝』には、その後の戦争孤児たちの消息も書かれている。この引揚げ集団での人間関係は、老僧の人徳のなせる業か、生死を共にした間柄からかお互いの深いつながりを感じさせる。孤児を救済し大集団を率いる一人の老僧の生き方に私たちは何を学ぶのだろうか。

彼は一九五九年に国連本部で「平和の鐘」を撞いている。「泣く孤児に乳よ菓子よとあやせども泣きじゃくるとて若保姆《ほぼ》も泣く」。これは『慈眼堂歌日記』に河野老僧が詠んだ短歌の一つである。平和への希望を込め、鐘の音は世界へ響いたであろう。

外地を離れるとき老僧は「国家的エゴイズムや民族的エコイズムを脱却しえさえすれば、四海同胞の平和な暮らしがお互いにできること」（河野、一九七〇）を痛切に感じたという。戦争は誰かが仕組んだことなのだ。人類は仲良くなれる。この精神こそ他国を侵略し多くの犠牲を強いられた戦後日本の出発点なのである。

戦争孤児の落ち着き先だが、保母や職員が本籍を頼りに奔走し親類縁者へ引き取ってもらっている。ただ身寄りのない三名のみが残ったが、彼らは松風園を引き継いだ児童福祉施設に預けられた。

愛媛に帰国した後のことも少し述べておこう。老僧は田中弘志少年（島根県浜田市生）を一人連れて愛媛県立間の大乗寺へ帰っている。が、しばらくして親戚にあたる人が少年を引き取りにお寺を訪ねてきた。老僧は少年に選択の意志を尋ねる。最初返事をしぶっていたが、彼は承知し故郷に帰っていった。また老僧自身もその後愛知県一宮市妙興寺《みょうこうじ》に迎えられている。後日この戦争孤児たちと老師は、一九六八年一二月一二日のテレビ番組「老師よ元気ですか」を通して再会を果たしている（河野老僧の偉業は、文中の二著書と一九八六年五月一六日、二〇一六年八月二日・九日付の中日新聞を参考にまとめた）。

国策に翻弄されてもなお自分を見失わず、戦争孤児の救済に全力を尽くした慈善事業家たちは、県内ではその大きな功績に比べてあまり取り上げられていない。戦争孤児たちと同様に私たちが決して忘れてはいけない人たちなのだと私は思っている。

おわりに

次の言葉は『私たちの太平洋戦争』に掲載されていた文章である。「平和とは何であろうか。一口で言えば、飢えと病と死への恐怖に追い立てられないですむ世界のことであろう。いま私達は、それが空気や水と同様、自然にそこにあるものと思っている。空気や水は自然が人類に与えたものだ。しかし、平和は、人間が努力してつくり出すものである」。当時わずか一四～一五歳の女性たちが学徒動員で工場生産に動員され、見知らぬ土地で家族から離され、空腹に堪え、友人たちと死別した。戦争に勝つまではと誓い、命からがら生き抜いた女性たちが平和への切実な思いを後に続く人々に伝えようとしている。この著は、波止浜《はしはま》で米軍の空襲を受けて死亡した二二名の女生徒たちへの鎮魂の書である。

戦争孤児一人一人に思いを馳せることは、現代に生きる一人一人の人間を大切にすることに通じるものがある。戦争孤児問題とは、戦後民主主義のあり方を問う大切な問題なのだということを忘れないでいただきたい。現代を生きる私たちに、戦争孤児たちが「一人一人の人権の尊さを考えてほしい」と叫んでいるように思えてならない。

参考文献

浅井春夫「戦争孤児たちの戦中・戦後史と児童福祉」『社会事業史研究』Vol.51、二〇一七年
内子町誌編纂会編集『新編内子町誌』内子町、一九九五年
愛媛県史編さん委員会編集『愛媛県史　近代下』一九八八年、九三〇頁、表四—四〇「県下の空襲一覧（一九四五年一月～同八月）」。「空襲を記録する会」のデータもあったが県史の調査結果を引用。

『愛媛慈恵会創立八〇周年記念誌』西堀利一、一九八一年、一〇頁
客野澄博著『明治百年歴史の証言台』愛媛新聞社、一九六七年、二〇七〜二一一頁
旧愛媛県松山城北高等女学校卒業生有志編著『私たちの太平洋戦争』植村淑子、一九八一年
久米小学校百周年記念誌編集委員会編集『松山市立久米小学校百周年記念誌』一九九一年、五七頁
河野宗寛『一禅僧の自伝』春秋社、一九七〇年
河野宗寛『慈眼堂歌日記』玉龍山海国寺　辻宗純、一九八六年
『東予時報』一九四六年九月一〇日付「不用品売却の一万円を投げ出し戦災孤児の家庭を　欲を離れたお母さんを求む」
松山信望愛の家編集委員会　委員長　田中ミヨコ「コイノニア松山信望愛の家創立四五周年記念誌　真実の花」一九九二年

第二章　原爆孤児

――広島・長崎――

島本幸昭（平井美津子 解説）

はじめに

本章を書いた島本幸昭《よしあき》さんは、自身の半生を『轍《わだち》』（一九九五年）という冊子にまとめている。戦後五〇年、中学校教師としての最後の年に、「ヒロシマという文字にすら強い拒絶反応を示して、今日まで過ごしてきた」が、「言い忘れたせりふを一声残して去らんと、心に浴びた放射能の刻印をささやかなる拙文に認め」んという思いからだった。

島本さんは一九三六年に生まれた。父島本久夫、母静子、妹圭子と広島市榎町（現中区榎町《えのまち》）に住んでいたが、建物疎開により転居。広島市立広瀬国民学校四年の四月に父母と妹と別れて広島県双三郡《ふたみぐん》板木村《いたきむら》（現三和町《みわちょう》）に疎開した。

八月六日、朝礼の最中、突如として窓ガラスに橙色の閃光が走り、轟音が地面を揺さぶった。やがて、南西の方角に不気味な雲が広がっていった。その当時の様子を今も島本さんは鮮明に憶えているという。終戦後、父母からの手紙が届いたり、訃報が届くなどして、それぞれの児童の帰る場所が決まっていった。しかし、島本さんには父母からの便りもなく、帰る場所もなかった。

このように疎開していた児童が父母の被爆死によって孤児になるというケースが広島や長崎には多くあった。また、原爆で両親に死に別れるだけではなく、片方の親が残った場合でも、被爆による障害のため子どもを養育する能力がなくなる親もたくさんいた。祖父母とともに取り残されたり、親戚や知人に引き取られたものの十分な支援が受けられず、孤児や浮浪児同然になる子どもも多く発生した。

一人また一人と疎開していた寺を引き揚げ、いつしか島本さんは一人ぼっちになった。その後、迎えに来てくれた叔母から両親と妹の死を知らされた。白木の小さな箱には、両親八月二六日、妹九月二日と命日が記されていた。幼い五歳の妹が両親が死んだ後を一人で生きなければならなかったことを島本さんは不憫でたまらなかったという。野坂昭如の小説「火垂《ほた》るの墓」では兄が妹を最後まで看取ったのが唯一の救いだが、島本さんの経験したことはそれとは違い、幼い少年の胸に悔恨の思いを抱かせるものだった。

島本さんは、小学校六年生の途中で、叔母の家にいることができなくなり、広島戦災児育成所に入ることになった。この施設は真宗本願寺派僧侶で、後に参議院議員になる山下義信氏が広島県五日市皆賀《みなが》に建てた施設だ。島本さんはここで高校一年生までを過ごすことになる。島本さんにとって、育成所での思い出は自尊心を傷つけられることも多く、苦しい日々を過ごしたことがうかがわれる。しかし一方で、終生の「母」と呼べるような竹延先生との出会いがあったことも確かだ。島本さんが、いかに竹延先生を慕っていたか、そしてこの後どのような人生を歩んだかは、手記から読み取っていただけたらと思う。

最後に一つだけ付け加えておきたい。

島本さんが広島戦災児育成所にいたときのことだ。一九四九年八月、アメリカ人ジャーナリストのノーマン・カズンズが広島戦災児育成所を訪ね、「孤児との間に縁組をして、精神的な親として月々の養育費二・五ドルを贈ろう」と「精神養子運動」を提唱した。翌年には二〇〇〇ドルの養育資金が広島市長あてに届き、広島戦災児育成所の七一名がアメリカの精神親と縁組したのだ。

一九五〇年三月、アイダホ州に住む三五歳でラジオディレクターのビッキー・ゼイサーさんが、当時一四歳だった島本さんの精神親になった。翌年一月、音楽部で活動し、「音楽が恋人」だった島本さんに彼女からバイオリンが届いた。破格のプレゼントに喜ぶ島本さんの傍らには、うらやましげに見つめる育成所の仲間もいた。バイオリンの個人レッスンを音楽教師の計らいで受けられるようになり、高校入学も決まった矢先の一九五一年五月、島本さんは育成所を飛び出した。育成所でのさまざまな人間関係に反発してのことだった。ゼイサーさんとの縁もここで途切れることになったが、バイオリンの存在がその後の彼の苦しい生活を支えた。

島本さんが精神養子運動によって保護された期間は一年あまりだった。家族をすべて失い、財産もなくした少年にとって、このバイオリンこそが全財産だったといえよう。島本さんは「大学に行きたい」「音楽の教師になりたい」という夢を持ち続け、それを実現させた。大学へ行く前、双三《ふたみ》郡の農家に預けたきりになり、バイオリンは行方不明になった。まるで、それは夢の実現と引き換えになったかのようだ。

一　登　攀

病床にて

羅漢像の如《ごと》く動かない老人の群の中を通り抜け、導かれた四人部屋の一角に、眼を閉じて不動のまま食事中の慈母を目の当りにして驚愕《きょうがく》が全身を貫いた。

一昨年訪ねた際、病床の身とはいえども談話室で共に歌い、談笑を交えた人とは思えない全く別の人を見る思いがした。

私が名乗ってももはや認められることもなく、機械的に口に運ばれる食事を咀嚼《そしゃく》するのをただ凝視《みつ》めるしかなかった。頃合をみてやおら手を握り締め、彼女の耳許で「島本、島本です。ほら、あの泰山木《たいざんぼく》の歌を一緒に創った島本ですよ」するとややおいて、痛いほどの力で握り返された。ようやく判ってもらえた嬉しさで、涙がこみ上げて来るのを懸命に堪《こら》えた。

あの曲が瞬時でも彼女を蘇らせたことに胸を熱くさせられ、終焉《しゅうえん》の絆を得た思いで一度も開かれない瞼《まぶた》を見た。

もう次はあるまいと心の中で訣《わか》れを告げ、病室を後にした。

それから二ヵ月を経ずして訃報が寄せられた時、来るべき時が来たという思いを抱き、同時に七四年間に及ぶ私の戦後の幕が降りた思いに浸った。

出会い

そもそも、彼女との邂逅は、原爆の傷跡が未だ処々に残る一九四九年頃、所は広島の郊外の閑静な場所に位置する原爆孤児収容施設の一隅である。私が中学二年生、彼女は二四歳の和服のよく似合ううら若き乙女、この人がその日から担任保母として同学年数名の面倒をみてもらう人となる。

施設での暮らし

当時、所内の食糧事情といえば、アジア救済連盟（ララ）物資の放出で、かろうじて飢えを凌《しの》いだものだが、育ち盛りの我々が満腹感を得るにはほど遠いことだった。それを見かねた彼女たちの給料のほとんどが、我々の補食費に消えた。そのうえ、化粧気のある女子職員はついぞ見かけることもなく、いつも同じ衣服をまとっていて、衣服で誰かが識別できる様態だった。

原爆死した両親に代って我々を育てようという使命感に溢《あふ》れ、夜中に洗濯や繕い物をするかと思えば会議を開いたりで、職員の休憩や休暇などは遠く及ばず、にもかかわらず二四時間勤務が辛いとか厳しいとか考えたことがないという。敗戦後の祖国再建、復興の強い祈りがあったればこその献身だったと後に述懐されたとき、この方々への報謝のためにも意に反することは許されないと胸に留めた。

聖戦の名の許《もと》に挑んだ闘いの果て、おぞましき原爆に奪われたものは計り知れないが、後に個々人から寄せられた慈悲や善意は、それらを補うに決して少なくはない。

二　収容施設へ

叔母との別れ

私が収容施設の門を潜ったのは、彼女より先んずること二年、一九四七年の秋である。六年生二学期、秋もたけなわの頃、原爆死した両親に代わってそれまで面倒をみてくれていた義理の叔母から、この先世話をするのは無理だから然るべき収容所に入るようにと言い渡されたのである。

当時、私は広島高等師範学校(現広島大学)附属小学校に在籍しており、附属中学校進学に備《そな》えて級友たちと競《きそ》って勉学に励んでいた矢先、他に寄る辺無き身には何の為す術《すべ》もないまま、秋の学校行事の芋掘りの日を迎えようとしていた。

その頃、広島市内にはいまだ校舎すら満足に建てられていない状況下、附属小学校ではプールまで完備されて、恵まれた環境にあった。そこに通う我々は他人から羨望《せんぼう》の目で見られ、優越感と誇りを持っていたものである。

原爆投下当時、私は広島県北の学童疎開先で独り取り残されていたのを、両親の生前の言伝《ことづ》てを手掛りに捜し当てて、連れ戻してくれたのが他ならぬこの叔母であった。

引き取られてから半年経った五年生の春、編入試験を勧めてくれた彼女が、皮肉にも今度は退学の勧告をなすところとなった。むべなるかな、彼女もまた戦争未亡人だった。

忌み嫌う言葉

その頃、映画で好評を博した「少年の町」のフラナガン神父と少年との交流に憧憬《しょうけい》し、また少年少女名作集の一作であるマロ著『家なき子』のレミの心情に胸打たれていた。

折りしも参議院選挙運動（一九四七年）の喧噪の中で「孤児の父！　孤児の父！」と連呼されるのを耳にした。

忌み嫌う言葉を聞き、喰い物にされる惨めさが背筋を走り、その場から逃げるように去った。あろうことか、後の落ち行く先の所長であろうとはそのときは知る由《よし》もなかった。

芋掘り旅行

叔母の許を去る日を三日後に控えた日、学校行事の芋掘り一泊旅行にようやく参加することができた。一週間の猶予を訴えたのは、この行事を最後に自分なりの決着をつける意図であることが叔母には届かず、たんなる贅沢としか写らなかったようだ。参加を許してもらえたら出て行くという必死の面持ちでの訴えに叔母は不承々々許してくれた。

芋掘り農場には背丈より高いコスモスが手の平のように咲いて秋の陽に映え、その足元を彼岸花が蓮台《うてな》のように侍《かしず》いていた。

掘りたての芋の口から出た脂《やに》と土が手にまみれ、いつしか冷さも加わる夕暮れともなれば、これで総てが終ったという切なさが心を切り刻んだ。

夕食後、就寝までのレクリエーションが賑やかに始められたが、何の共感も湧かず、独り打ち沈んでいたそのとき、はっと胸を衝く歌声が流れ始めたのである。

女生徒二人の息が実によく溶け合った重唱が、初めて聞く曲にもかかわらず旧知のように胸に迫《せま》り思わず耳を傾けた。傷《いた》む心に暫《しば》しの安らぎと慰めを得た私は、はなむけとして心に留め置いた。

叔母との約束通り学校を去る日、担任が級友たちに紹介する際、無念さで涙が瞼を塞《ふさ》ぎ、紹介中にもかかわらず挨拶もなさないまま教室を飛び出し、大声で泣きながら階段を転ぶように駈け降りて学校を後にした。自分の泣き声が廊下に空しく反響して後を追って来たのを今も忘れられない。

三　広島戦災児五日市育成所

新入り生活

帰るやいなや追いたてられるようにして、連れて来られたのは背後に丘を控え、洋風を窺《うかが》わせる建物で、門柱に「広島戦災児五日市育成所」と大書された表札が読めた。そこには孤という字が脱《ぬ》いてあるのに気付き、いささか温みを覚えた。

置き去りにされてから宛《あて》がわれたのは、所内の小高い丘に佇《たたず》む寺の本堂である。五年生から中学生とりまぜて八人。これから否が応でも起居を共にする同類である。所内には他に百人近い寄る辺なき同朋が、七、八人に一人の担任保母が配置され、点在する小さな二間ほどの家で家族なみの生活を営んでいた。

借りて来た猫のように本堂の片偶で膝を抱えて蹲《うずくま》っていると、

「おいっこら、新入りっ。水汲んで来い」言葉も出せない威圧を受け、勝手の判らないまま薬缶《やかん》をぶら下げて、本堂の裏に廻る。外は暗闇ですすきの穂が夜のとばりを掃いていた。闇に馴れたところで蛇口が目にとまり、思い切り捻《ひね》って迸《ほと》ばしる水の音で自分を勇気づけた。

その頃、ラジオドラマで聞いた「鐘の鳴る丘」でこうした所がどういう場所か想像し覚悟はしていたものの心細くてならない。とにかく誰一人頼れないことを悟り、これが己の現実であるとようやく判った。こうして最初の洗礼を受け、私のドラマの幕が切って落とされた。

その夜、薄い布団と毛布に包《くる》まったものの寝つかれるはずもなく、すでに寝入った連中の寝息が耳につく。ふと集団疎開の夜が蘇った。

今日起きた大きな身辺の変化によって、なつかしい級友からどんどん遠ざかり、離されていく焦りが悲しくも覆い被《かぶ》さって来た。決別と零落《れいらく》が同時に襲った我が身に、この先訪れる運命に不安を禁じ得なかった。

長い苦痛の夜がけたたましい梵鐘《ぼんしょう》の連打で明け、大いに救われた。

ただちに清掃に入る。寺の掃除は広くて手間がかかる。新入りらしく見よう見真似で務《つと》めを果す。次いで朝の読経が始まる。合図の鐘が打ち鳴らされると、所内の方々からこの御堂目指して収容児が坂を登って来た。

四、五歳の幼児五、六人が固まって履物を揃えて、這うようにしながら階段を上がる。ケロイドで剥げている頭、眼球の片方を失っている顔。思わず目を背けずにはいられず、疎開で助かり無傷の自分をあらためて見直した。

経本を手にし、導師に従って読経が始められ、僧衣をまとっている者が、昨夜水汲みを強いたうちの一人であったのには驚かされた。

「稽首天人所恭敬《けいしゅてんにんしょうくぎょう》　阿弥陀仙両足尊《あみだせんりょうそくそん》……」

奇しくもかつての疎開地で習い説えた経であるのに少し心を解きほぐされたものの、一方で忘れかけていた悲哀が再び脳裏を掠め、傷の深さをあらためて覚えた。
自《おの》ずと中に加わり、一心に読経に打ち込み始めた。百人近い唱和に、遅ればせながら来るべき所に来た私はいつしか吸収された。

元級友との出会い

何もかもが去り、全てが新たに始まった。時間が経ち、日が過ぎるにつれ、外との繋がりが断ち切られ遠ざかって往くのに、これ以上抗《あらが》ったとて無駄だと悟り、日々の日課に曳《ひ》き摺《ず》られるうち、空《うつ》ろな気持ちは徐々に埋めたてられていった。

身を寄せて一週間も経っただろうか、面会だとの呼び出しに訝《いぶか》りながら丘を下れば、あの農場で心打つ重唱を聞かせた女の子が一人、陽の落ちかけた中庭に立ってこちらを向いていた。

私は驚きと恥ずかしさで正視できず、咄嗟《とっさ》には声も出せなかった。先方もどうしたものか迷うかのようにしばらく俯《うつむ》いていた。

なんでも彼女の祖父がここの施設の一部の家主で、すぐ隣りに住まうとのこと、クラスの皆に代わって慰問の贈り物を届けに来たの旨《むね》、やっとそれだけ聞き取ることができた。訪ねてもらった嬉しさと、素性を見られた惨《みじ》めさが複雑に絡み、沈黙が流れた。

こちらの気持ちを察してか、彼女はほどなく贈り物を手渡し、背を向けて門から出て行った。そのとき、自分がどんな立場にあるのかがやっと解った気がして、農場で聞いた曲の名前を尋ねようとしたが、全く声にならなかった。遠ざかる彼女を最後まで見送れず、片方の手に慰問品を持ち、一方の手はポケットに突っ込んで、もう使えなくなった帽章を、手の平が痛くなるほど握りしめて丘をめがけて駈《か》け登った。

顧りみれば、それからの私は附属小学校に在籍したというプライドを持ち、級友たちに少しでも遅れをとるまいという信念を抱き続けた。たとえ道を分かっても目標を失わず努《つと》めれば、いつかは対等に肩を並べられる日が必ず来るという思いに支えられていた。

年が変り、所外の新制中学校に通うことになり、そこで念願の「埴生《はにゅう》の宿」に音楽の授業で巡り会うことができた。農園で聞いた曲を教室であらためて聞いたときの感銘は、冷めたい心に熱い息吹きを注がれ、暫く忘れていた喜びの心情を取戻させてくれた。

メロディーや詞《ことば》を飢えたように貪《むさぼ》り、感情を抑えかね、嬉しさに浸っていたそのとき、先生から独唱するように促され、彼女の弾くピアノ伴奏に合わせて一音一音を愛おしみ、陶酔して歌い終えた。すると一瞬、教室が静まり返ってしまい、怪訝《けげん》な気持ちで先生の方を窺うと、彼女は自分の目頭を押えて無言の後、

「とても幸せそうに歌っていたわ」

という言葉を聞いた私は、泪が自分にもこみ上げて来るのを覚えた。

私の中の音楽性を見出してくれた先生と同じ音楽教師の道を辿ること三七年間、この「埴生の宿」との出会いは生涯の篝火《かがりび》となり斑猫《はんみよう》として私を導引してくれた。

その頃読み終えたばかりの「ビルマの竪琴」の主題に用いられた「埴生の宿」が、激戦場に流れ、怨讐《おんしゆう》を超えて兵士の心を捉えるシーンに甚《いた》く感動させられたのは、自分の秘めた感懐《かんかい》と繋《つな》がったものであろう。

四　保母先生との出会い

竹延先生

長く追い求めていた曲の件が決着をみた処で新任の担当保母先生との出会いとなる。名前は竹延帝子と紹介された

とき、帝国の帝と書くと言われて右翼の片鱗を嗅いだ気がした。

まさかこの先、長く関りを持ってもらうことになろうとは露だに思わなかった。

彼女の日常の生活の中での身の回りの世話はもとより、躾の面でも仲々厳しいながら温か味のあるところが仲間内でもいつしか認め合うところとなり、支持者の数も増した。

時の職員用のモットーに「父となれ、母となれ」が掲げてあるのに心惹かれていたが、それが老若男女職員にどれだけ負担を強いたことか、平素の勤務ぶりを見るにつけ、心を痛める思いをさせられた。

僅か九年間ではあったが、私は両親から受けた愛は忘れず、尊敬する気持ちを持ち続け、親を辱《はずか》しめることのなきよう常に心掛けて来た。疎開地で受取った手紙は今も大切に保存している。そこにどれだけ自分が愛されていたかが窺《うかが》える。この職員向けのモットーを見ると、一朝一夕で親になれるはずのないことが理解されていないように思われた。

新任の彼女が、自ら愛用した英和辞典を黙って手渡してくれたとき、そこに暗黙の期待が寄せられたことにあたかも慈母の愛情を感じた。

交流と別れ

所長一派に日頃から批判的で反旗を翻しては彼らから疎《うと》ましく思われていた私を、彼女は庇ったり、諭《さと》したり、戒めたりして、果ては自らも一派に盾《たて》ついて、その施設を一年余りで去って往くほどの熱血女漢でもあった。

その彼女の人柄に魅《ひ》かれて後を追ってはみたものの、諸般《しょはん》の事情で思うに任せず、彼女の新任地の近辺に幸いにも里子の口が見つかり、養育費の一部を彼女の身銭を切ってあてがわれた。もっともこのことは後日ふとしたことから漏れ聞いたことである。

然るに半年余りの後、人間関係を害《そこ》ねたことから彼女の逆鱗《げきりん》に触れ、温室から寒風吹き荒《すさ》ぶ世間に放り出され、人に甘えることしか知らなかった私にとって試練の三年間が容赦《ようしゃ》なく見舞うことになる。

広島児童相談所

放逐《ほうちく》されて、初めて広島児童相談所という門を叩《たた》いた。一室で所長に半年間の経緯《いきさつ》を掻《か》い摘《つま》んで話す。時折市内電車が轟音を曳きずり話が中断させられる。

「彼処《あそこ》のやり方が気に喰わないと言っても高校に行かせて貰ったではないか」

所長は、二言目には不経済だの分不相応だと言う。

「働くと言ってもどんな仕事ができるか」

昼働いて夜間高校に行くのは無理なことか。

「悪いことは言わぬ。収容所に戻れ」

いったん出たからには、戻る気はない。夢想と言われても、たとえ苦難を伴おうが、戻って恥辱《ちじょく》を受けるよりまだ耐えられよう。

一時保護所へ

頑《かたくな》に拒む私に手を焼いた所長は、頭を冷やせとばかりに隣接の一時保護所に留める。

頭かずは十数人はいるだろうか、当時の進駐軍から駅周辺の浮浪児を片付けよとの要請のもとに、狩り集められた輩《やから》である。

これは大した所に紛れ込んだものだと少々たじろいだものの、挫けてはならじと連中と旨く合わせ、自慢話を殊勝な面持ちで聞く。するとそのうち、彼らは一緒にズラかろうと言い出す。今までの収容所の仲間に比べれば、いかにも社会の荒んだ渦に巻かれて、一筋縄ではいかない手合いに思え、お供にして貰う気はさらさらなく、学校をもう少し続けてみたいとかなんとかゴマ化して丁重にお断りする。

就寝時間が告げられると、員数より少ない毛布を引っ張り合い、隣りの野郎の背の温もりさえ心地良いと感じて寝入る。

自分より年端《としは》も行かない者が、衣服を敷布団の下に隠して、自らが護って寝る姿を見て彼らの生きていく世界の厳しさを教わる。

五　知り合いの豪農へ

自ら選ぶ道

五日間の一次保護を受けて、このまま機械的にダストシュートに送り込まれるのを、徒《いたずら》に待つのは不本意と思い、自ら選ぶ道を歩むことに意を決して、少々心当りのある村に赴《おもむ》く。

冬の日は短く、寒空はいっそう夜を早める。郊外を走り出た汽車は、斑《まだら》模様の雪景色を追う。田圃の中に蹲《うずくま》る積藁《つみわら》がゆっくり弧を描いて去る。汽笛が時折り唸るように鳴る。

二時間ほど乗車した後、七年前に叔母の迎えを受けて、疎開地を去るときに乗った停車場に再び降り立つと、雪と泥が撹《まざ》って傷んだズック靴に染み透る冷たさに思わず爪先に力が入る。

一体、今夜の寝泊りは大丈夫なのかと一抹の不安を抱きつつ、目指す地へ向うバスに乗り込む。

訪ねる先は、被爆後、引き取り手のない私を養子にと一次預かってくれていた村屈指の豪農である。

やっと発車したバスは、ぬかった悪路を車体を倒さんばかりに左右に揺さ振り、喘《あえ》ぎながら進む。

わざわざ自分を苦境に陥し入れ、落ちて行く不思議な快感を愉《たの》しむが如く、揺れに身を任《まか》す。一時間余りでバスを降りて暫く闇路を辿り、六年前と同じ茅葺《かやぶき》の家の前に立つ。玄関の前で一息つき、思い切って戸を開ける。

六年も経てば人も世も変る。当時に比して復員《ふくいん》して来ていた若主人と子どもが二人増え、裸電燈の下の夕餉の卓に暖かく迎えられた。

六年間の変転を話し今の苦境を伝えると、農業を手伝いながら、村の定時制高校に通うことを提案され、藁《わら》をも摑む思いで有難く申し出を受ける。

農家での生活

農業は全てが初めてのこと、鍬《くわ》の振り方、鎌《かま》の刈り方に始まり、牛や馬の追い方に及ぶまで、主《あるじ》から威《おど》かされ煽《おだ》てられながら手解きを受ける。最早、後戻りはできない。まさに前門の虎、後門の狼を身を以って味うことになる。これからの身過ぎのため、是非もない。

連日の容赦なき使役に疲れ果て、その場に身を投げ出したい衝動を抑えながら日の沈むのを待つ。昇った太陽は必らず沈むという極めて当然の理《ことわり》を信じて時の経つのを願う。日没こそ解放される慈《めぐみ》の晩鐘となる。

独り立ちを志す

やがて一年半も過ぎ、一端《ぱし》の農夫として自信のついた三年生の夏、独り立ちを志す。まさかこのまま作男《さくおとこ》で埋もれるわけにはいくまい。農作業で賃稼ぎをしながら大学受験を目指す。

幸い村を捨てる一家があり、田圃の番をする条件でそっくり家ごと借り受ける。

丘の上にポツンと建つ一軒家は、見晴しのきく小さな荒家《あばらや》であるが、独立独歩の構えにはうってつけである。

水は裏山の流れを汲み、焚木は枯枝を拾う。傍《かたわら》の畠に野菜を植え、自活の一歩を踏みしめる。杉皮葺きの屋根には雀が両足でリズムを取り、土間では迷い込んだコオロギが鈴を振る。最初に炊く夕餉の煙が立ち昇るのを見て、やっと得た自由への狼煙《のろし》の如く思え、しみじみと凝視《みつ》める。

好奇と支援からか、早速周辺から仕事の依頼が寄せられる。農繁期ともなれば断り切れなくて困るほどであった。ときには同級生の女生徒の家にも招かれ、気恥しさで顔を紅らめつつ仕事に精を出し、食事時には給仕をされてドギマギすることもあった。

仕事の後で支払われる手間賃を手にし、他にも手土産を託され、湯を浴び汗を流して帰る足取りは軽やかなものである。

夜、手製のスタンドを引き寄せ、受験参考書を紐解く喜びは、選んだ道が正しかったという実感を得させた。

古本屋で求めた参考書の一冊に、附小時代のクラスメートの署名を認めたとき、偶然に驚くと同時に奴もこれで学んだのかと学習にいっそう拍車が掛かり、新たなる闘争心が漲《みなぎ》って時の経つのも忘れた。

背戸《せど》の柿の実が時折り一つ、二つと落ちる音に深夜の静寂がいや増す。

竹延先生からの手紙

そういう折に竹延先生から手紙が届く。文面は、予備隊（警察予備隊　現自衛隊）への勧誘《かんゆう》であった。こともあろうに肉親の犠牲に加担した軍隊への勧めとは許せぬとて怒髪天をつき、手紙に朱線を引き、更に憤《いきどお》りも添えて送り返した。

彼女の弁によれば世間に面倒をかけている身ならば、世に報いるには兵隊が最適という由、ならば違う立場から報《むく》わんと選んだのが教師の道である。それが三七年間の教師勤めへの発端《ほったん》となる。彼女のあの奨《すす》めがあったればこそ、生涯の選択を為《な》し得たといえる。

彼女との断絶《だんぜつ》に修復が得られたのは、私が教育実習時の生徒との写真を送ったことが切っ掛けとなり、以後自家の菩提寺《ぼだいじ》への墓参の都度、勤め先の施設に立ち寄り壮健な姿に安堵した。そこに彼女が控えているということが私の拠《よ》り処《どころ》となった。

春もうららかに、明るい丘の桜花に見送られ、またふるさとの桜花に迎えられた私の門出でございました。

昭和二十四年に福祉施設に勤務して、父となれ、母となれとの先輩の言葉に支えられ、子ども達の笑顔に励まされて四十年、ここに六十五歳の定年を迎えました。子どもに明け、子どもに暮れた残りの人生を、もう一度子

Fm　Gm　Cm　G7　G rit　G7
あなたの　のこせし　こころとわに　わすれじ
a tempo
Cm　G7　Cm　Fm　G7　Cm
やみてふせる　ともあり　とおく　さかる　ともあり
Cm　G7　Cm　Fm　G7　Cm
ともにうけし　いつくしみ　ここにかげと　しのばん
G7　C
しのばん

母に寄す
♪=108
祈りをこめて
作詞作曲 島本幸昭
2019. 6. 10
あたたかき おしえよ こころはげます ことばよ

どもと心を継ぎながら人生の終焉を心置きなく迎えたいと存じます。（後略）

平成二年四月

竹延帝子

追悼の儀をむかえて

今を去ること三〇年、この挨拶状を手にした私は、自分の寄り掛かっていた大樹が根こそぎ取り払われた如く、心が虚《うつ》ろになるのを如何ともし難かった。

彼女には帰る故郷があるものの、私には故郷と呼べる処はない。彼女の在《お》わす地、そこが私の故郷としていつも温く迎え入れられて来た。

今は竹翠院仁風妙締大姉《ちくすいいんじんぷうみょうていたいし》として名を改め、台詞《せりふ》なき主人公として茲《ここ》に遺影で迎えてくれる。

追悼の儀の最中、彼女との合作である「泰山木の詩」が終始流される。偲ぶ言葉が述べられた後、私の献歌を結びとして会が閉じられる。

母に寄す

緑深き故《ふる》き郷の、此処に逝《ゆ》きし母訪ね
慕い来《きた》る同胞《はらから》と、在りし時を偲べば
温き訓《おしえ》よ、心励ます言葉よ
あなたの遺《のこ》せし心　永遠《とわ》に忘れじ
病みて伏せし朋《とも》あり　遠く離《さか》る朋あり
共に受けし慈《いつく》しみ　茲《ここ》に影を偲ばん

二〇一九・六・一〇　作詞・作曲

合掌

第三章　原爆孤児を助けた精神養子運動

平井美津子

はじめに

ぼくは原爆が落ちてから一〇日目の八月一六日に生まれ、母は八月二四日に死にました。だから母の乳は飲んでいません。近所の人たちは、乳がないので育つまいと言っておられたそうです。でもおばあちゃんが米をたいたおも湯を作ったりミルクは当時何もかもみな配給だったので朝早くから行って長い間待ってもらっていたのだそうです。

冬などはぼくの身体がなかなか暖まらないのでおばあちゃんの着物の中に入れて寝ておられたそうです。夜は泣いたらみんなが目をさますのでそっと外に出てぼくを寝かせていたのだそうです。こんなに苦労してぼくを育ててくださったおばあちゃんは今だに苦労しておられます。おじいちゃんが原爆のため病気で働けないのでおばあちゃんが働かないとぼくたちが食べていけないので、おばあちゃんは毎日毎日働きに行っておられます。おばあちゃんの働いておられる所は石切り場で大きな石をかつぐ仕事です。夏などは汗で着物がびっしゃこにぬれています。こんなにおばあちゃんが苦労なさるのもみんな戦争があったからだと思います。戦争がなかったらかあさんも生きておられ幸福に生活していることだろうと思うからです。

ぼくは早く大きくなっておばあちゃんを助けてあげたいと思います。それにはおばあちゃんが長いきをして下さればいいがなあと思っています。

こんなにぼくたちを不幸にした戦争が二度とおこらないように心から願っています。

〈一四歳、男子、中学二年生。祖父母・姉〈一七歳、女工員〉とくらしている〉

図1　『原爆で親をうばわれた広島の少年少女は訴える』表紙

この文章は、原爆投下から一〇日後に生まれた米田靖夫が一九五九年八月五日に広島で開かれた第五回原水爆禁止世界大会のときに、世界からの代表や国内の参加者に冊子として配られた『原爆で親をうばわれた広島の少年少女は訴える』に書いたものだ。母親の顔さえ知らず祖母に育てられた彼は、石切り場で男たちと同じように人夫として働く祖母の背中を見て育ってきた。

なぜ彼のような孤児が生まれたのか。広島に孤児はどのくらいいたのだろうか。彼らに手を差し伸べる人はいなかったのだろうか。広島で起きた精神養子運動に焦点を当てて考えてみたい。

一　広島の原爆孤児

つかみどころのない孤児の数

一九四四年、本土空襲に備えて、政府は大都市における国民学校三年生以上の児童に対して疎開をすすめた。広島や長崎はともに疎開実施地域に指定され、広島の場合約二万三五〇〇名に及ぶ学童を県下の山村などに疎開させている。疎開によって子どもたちは原爆の直接の被害からは免れたが、原爆によって両親を失い孤児になるものは少なくなかった。家族の都合や身寄りがいないために疎開できなかった子ども、低学年のために疎開の対象とならず、市内にとどまっていた子どもたちの多くも親を失い孤児となった。孤児は六五〇〇人にのぼるとも伝えられているが、つかみどころのない数だった。

原爆投下により、広島でどのようなことが起きたのか。森瀧市郎《もりたきいちろう》がまとめた「原爆孤児」（広島子どもを守る会、一九五四年）をもとに、原爆孤児の初期の収容の実態を紹介する。

原爆投下後の一九四五年八月一〇日、山かげになっていて倒壊を免れた比治山《ひじやま》国民学校に急きょ「比治山戦災児収容所」が開設され、乳児から国民学校一、二年生ぐらいまでの子どもたちが収容された。講堂も教室も各地から運ばれてくる子どもたちですぐに一杯になった。教員や保母たちが昼夜交代して子どもたちの世話をしたが、ケガや火傷を負った子どもが多く、苦しみながら息絶える子が後を絶たなかった。炊き出しのおにぎりは、米ではなく粟《あわ》や稗《ひえ》、麦などの雑穀をまぜ握り固めたもの。ざらざらして、ぼろぼろこぼれるので、みんな顔を上に向けて、三角の握り飯をこぼさぬように口で受けて食べた。大勢の子どもたちに食糧はゆきわたらない。はすの実、まだ青いブドウ、生えているものは何でも食べた。

新生学園の園長の談話によると「原爆により親よりはぐれ、自分も火傷を負った子供たちはとりあえず比治山小学校に収容され、そこで一二月まで、石田正巳校長の下に生活した。そのときの収容者の氏名を書いたノートには、次々に死亡していった子供たちの氏名の上には赤線を引いてあった。一二月にそれらの子供たちは五日市の収容所に

表1　孤児収容施設ならびに収容孤児数（広島市内）

施設名	性別	原爆孤児	その他の戦災孤児	一般孤児	その他	小計	計	※精神養子	混血児
広島市戦災児育成所	男	一六	一	五	一四	三六	五二	五〇	
	女	九			七	一六		二〇	
似島学園	男	三五	五一	一九	四五	一五〇	一九五	一〇一	一
	女	六	四	一〇	二五	四五		二九	
新生学園	男	七	五	二二	二二	五六	八一	三七	一
	女	三		一〇	一二	二五		二〇	
広島修道院	男	七	六	二〇	二六	五九	九九	二二	二
	女	四	一〇	一一	一五	四〇		一八	一
光の園	男	一		一八	二六	四五	七九	六	三
	女	四	一	四	二五	三四		一二	
六方学園	男	一〇	一	四	五二	六七	一〇二	一	
	女	四	二	七	二二	三五		一	
計	男	七六	六四	八八	一八五	四一三	六〇八	二一七	七
	女	三〇	一七	四二	一〇六	一九五		九九	一

（出典）広島市厚生局社会課発行「厚生月報」（一九五四年五月）。

引きとられた」とある。

施設に収容しきれない孤児たち

九月になると、市内の浮浪児や、疎開先に取り残された子どもの引き取りや受け入れが問題となり、広島では、「広島戦災児育成所」「新生学園」「広島県戦災児教育所似島《にのしま》学園」「光の園・摂理の家」「広島修道院」「六方《ろっぽう》学園」などの収容施設が作られ、比治山戦災児収容所は閉じられた。しかし、広島市厚生局社会課発行の「厚生月報」（一九五四年五月末時点）の一覧表によると、原爆孤児を含めた孤児たちの施設での収容人数は六〇八名となっている。施設で収容された人数は多くない。原爆投下後九年たった統計であり、原爆投下時一〇歳以上だった孤児はすでに成人していたためともいえる。また、広島から全国に散らばった孤児も相当数いた。それを差し引いても、収容されずに路頭に迷う孤児、親類や他人の家で、個人の善意と援助の中で生きるしかなかった孤児がいかに多かったかということがうかがえる。このような状況は、映画「この世界の片隅に」（片渕須直監督、二〇一六年）にも、孤児になった子どもを主人公のすず夫婦が連れて帰る場面として描かれている。

二　精神養子運動の始まり

アメリカ人が始めた精神養子運動

アメリカのジャーナリストであるノーマン・カズンズが一九四九年八月一一日初めて広島を訪問した。雑誌『サタデー・レビュー』で原爆投下に対する批判や広島の復興支援の論陣を張っていたカズンズは「広島戦災児育成所」を訪ねた。帰国後、『サタデー・レビュー』誌上に発表した「被爆四年後のヒロシマ」のなかで、広島の原爆孤児との間に縁組を結び、精神的な親として月々の養育費二・五ドル（九〇〇円）を送ろうという「精神養子運動」を提唱した。この運動が広まり、翌年には二〇〇〇ドルの養育資金が広島市長あてに届き、「広島戦災児育成所」の約七〇名の児童との間に縁組が結ばれた。島本幸昭《よしあき》（第Ⅱ部第二章）もこの精神養子運動の恩恵を受けた一人だ。カズンズ自身も似島学園に在籍する河野宏と養子縁組をした。カズンズは、パール・バック、ジョン・ハーシーらと共にニューヨークでヒロシマ・ピースセンター協力会を立ち上げ、一九五〇年八月八日には財団法人ヒロシマ・ピースセンターが設立認可された。健康センター・原爆患者を治療する設備の整った病院、戦災母子寮、孤児院、養老院、犯罪少年の更正施設などの建設が構想された。この構想は実現しなかったが精神養子運動や原爆乙女の渡米治療などに結実した。

一九五九年までの間に精神養子の総数は約五〇〇名、養育費は総額二〇〇〇万円に達した。カズンズは同年広島市の名誉市民となった。広島の原爆記念資料館の南東の芝生のなかに、ノーマン・カズンズの碑がある。今は彼のことを知る人も少ない。

長田新と『原爆の子』

広島高等師範学校の校長を経て、広島文理科大学の教授だった長田新《あらた》は一九四五年八月六日、爆心地から一六〇〇米《メートル》の広島市京橋川沿いの自宅で被爆した。奇跡的ともいえる回復を遂げた長田はその後、原爆の悲劇を体験した広島の少年少女の手記を集め、『原爆の子―広島の少年少女のうったえ―』（岩波書店、一九五一年）を刊行した。一九五〇年におきた朝鮮戦争の真っ最中、日本はまだ連合軍の占領下できびしいプレスコードがあったため原爆被害の実態は広島や長崎以外ではほとんど知られていなかった。しかし、この本の発行が、サンフランシスコ講和条約発効を控えて原爆被害を広く国民に知らせるキャンペーンの先駆けとなった。長田はその〝序〟でこう書いている。

「子どもたちがみんなそろって、平和な世の中をつくり出すような人間になってもらいたい。平和を築くことを、人間としての最高の道徳と考えるような人間になってもらいたい」

『原爆の子』は、大きな反響を呼んだ。手記を寄せた子らは一九五二年二月、原爆の子友の会を結成。広島大学文学部での発会式で、長田は子どもたち一人一人に『原爆の子』を手渡した。この年の六月から始まった新藤兼人《しんどうかねと》監督の『原爆の子』のロケにも友の会の子どもらが出演した。一九五三年には日本教職員組合によって映画『ひろしま』も作られた。原爆孤児に対する社会的な関心は否が応でも高まっていった。一九五二年八月五日、広島市立己斐《こい》小学校では平和の集いが開かれ、全校児童が校庭で平和の誓いを発表し、原爆孤児一〇〇人を招待して、慰安会を行った。

この後、長田は平和運動の先頭に立ち、一九五二年「日本子どもを守る会」の創立大会に参加し、初代会長となった。長田は会長を引き受けるにあたって、こう語っている。

「私はひとりの教育学者として、今日にいたるまで三十年歩んできました。教育学とは共に子どもを守り育てる学問であると思っています。また、私がこの三十年敬意をもって学んできた世界教育史の巨人ペスタロッチの生涯は全く子どもを守るものでありました。私が子どもを守る会のお役に立つことは私の学んできたものを真に生かす道だと思います」（日本子どもを守る会、二〇〇二）。

長田は広島大学で教員を目指す学生たちに「原爆孤児たちを日本人の手で救おう」と日本人による平和運動としての精神養子運動を呼びかけた。

一九五二年から五三年にかけては、「市井の大衆の中に、原爆反対の空気がそだっていった時期」「政治的な平和運動に代わって、文化的社会的な平和運動が盛り上がった時期」（今堀、一九五九・六〇）といわれている。この流れのなかで「原爆孤児国内精神養子運動」が誕生した。

日本でも精神養子運動を

長田の呼びかけに呼応した広島大学の学生たちによって活動が始まった。一九五三年一月二六日、朝日新聞に「〝原爆の子〟精神養子に　日本人の手で全国運動へ」という記事が掲載された。「精神養子のあっせんは、『広島市東

図2　山口勇子（左）と森瀧市郎（右）に囲まれた孤児

雲町、広島大学教育学部東雲分校、子どもを守る会事務局』が行い」と記事にあったために、反響の手紙が全国から広島大学の学生の所に殺到した。なかには、お金まで同封しているものや精神親の申込みもあった。

一九五三年二月二二日、「広島子どもを守る会」が誕生、会長に森瀧市郎（広島大学教授）、副会長兼事務局長に山口勇子、顧問に長田新（広島大学名誉教授）ら十数名を決定した。連絡先は、広島市立児童図書館とし、学生を支える形で大人たちが事務を扱う形が作られた。とはいえ、森瀧をはじめとしてそれぞれ仕事を持っていたため、実務のほとんどを主婦の山口勇子一人が担うことになった。原爆孤児の世話、遠く離れた養親との架け橋となる山口の仕事が始まった。

原爆孤児精神養子運動の具体的活動は以下のとおりだ。

原爆孤児国内精神養子制要領

一、本会で言う精神養子制とは、原爆孤児を実際に養子としてひきとって養育するのではなく、その孤児に経済的精神的援助を与えることであります。

二、精神養子の斡旋は「広島子どもを守る会」が行います。精神養子の銓衡に当たっては各小・中学校、広島市社会課その他の資料に基いて本会が調査し、選定は本会理事会が行います。

三、精神養子となるものは困窮している原爆孤児であることを原則としますが、片親のある場合でも、その窮状がこれと同等とみなされるものをも含みます。

四、精神養親となるものは成年者であることを原則としますが、未成年者でもその保護者の承認がある場合は例外として認められます。

五、精神養親には二人以上の団体でなることもできます。この場合には代表者を一名定めて本会の連絡に当たります。

六、精神養親の経済援助は「九」の場合を除き月額一千円を原則とします。精神的援助は文通・訪問・おくりもの等によります。

七、送金は本会がこれを受け小・中学校に在学する子どもには通常その受持教師を通じて渡し、高校生ならびにこれに準ずる子どもには直接本人に渡します。

八、本会で取扱う精神養子の期間は、最大限子どもが満十八歳に達するまでとします。

九、本会は本会自身が精神養親となる場合もあります。即ち、養育費の寄付を本会で受け、是を精神養子資金としてプールし、この資金で可能なだけの人数の精神養子を持ち、本会が寄付者に代わって精神養親としての機能を果たします。この場合の寄付は一時的でも定期的でもよく、金額も任意であります。

三　精神養子運動はどのように展開したのか

全国からの支援の声

朝日新聞を読んだ人たちから反響の手紙が全国から連日寄せられた。サラリーマン、主婦、学生、教師。この手紙には、戦争を体験した人びとが平和を痛切に願う気持が表されていた。「戦争を繰り返さぬ誓いを深めるために」「私にもできる地道な平和運動として」「平和憲法を守るひとつの具体的な仕事として」この運動に参加したい。どの手紙にも、平和を築くために自分ができることをという熱い思いが綴られていた。

原爆孤児に関する会報等を拝見し、今更ながらわれわれのなすべきことを考える時、一人でも多くの孤児を戦争がもたらした悲劇から救わねばならぬことを痛感する次第でございます。

私も東京から疎開して生活とたたかっているのですが、原爆孤児の苦しみと比べますれば、私の苦しみなどはものの数ではなく、平和を望む者として二度と、あの惨劇を起こしてはならないと叫び、多くの人びとがこの精神養子運動に参加せねばならぬと思います。本日わずかですが振替で送金いたしました。内三百円は会費として下さい。わずかと申しましても、私としては精いっぱいなのです。しかし戦争をさけるために、また子どもを守るためには、微力ながらもご協力したいと思っております。

私は別に金持ちというような者でもありませんし、また教育者でもありません。一介の年少安サラリーマンにすぎないのです。日本の一人一人がもっと戦争のもたらした悲しむべき事実を直視してくれるとよいのですが、空襲さえあまり受けなかったここの田舎の人びとにとっては、念仏にもならないようです。悲しいことと思いますが、しかしいつかは分る時が来ることと信じています。では皆様の御健闘を念じます。

（山口、一九六四）

孤児をたずねて

「広島子どもを守る会」は、精神養子に該当する子どもの調査を始めた。一九五三年当時の広島市内の小・中学校に、わかっただけで四二三名の原爆孤児がいて、そのうちの約二八％は切迫した困窮状態にあり、一日も早い援助が必要であった。

孤児のうち、余裕のある家庭にひきとられているものは二五名、その他はその日を生きるだけで精一杯の家庭に身を寄せていた。また、父が原爆で死亡し、母は生き残った母子家庭に困窮者が多く、そのうちの半数近くが無職。日雇いや畑の手伝いなどで糊口をしのいでいた。原爆で生き残った子どもと祖父母だけが身を寄せ合い、路頭に迷っている例も多かった。

一九五四年一〇月の二度目の調査では調査項目を精密にし、私立学校や施設にいる子どもたちにも範囲を広げた。広島市内に住んでいたが、原爆で親を失い、田舎の親戚にひきとられているという島本幸昭（第Ⅱ部第二章）のような子どもも少なくなかった。学校数は多すぎ、山口や学生たちの力には負いきれない部分もあった。

孤児を救援すると意気込んだものも、痛烈な批判もあった。「もっともひどい状態になっている孤児を、救援できるのか？」「浮浪児となり、学校にも行かず、保護者もなく、ねぐらもない。そんな子どもをどうやって見つけ出すつもりか？」「ざるで水をすくうようなもんだ。もっとも救いたい子はざるから漏れる」と。

山口は学生たちとともに、名前があがってきた子どもたちの所を訪ねていった。こんな所にも家があるのか？　道路や緑地帯になっているところにも風が吹いたら飛んでいきそうな家ともいえないバラックがひしめいていた。バラックならまだいい。人の家の軒下を借りてそこをあたりから探してきたような薄っぺらい木ぎれで覆っただけというものもある。「まるでかくれんぼでひっそりかくれているのをみつけ出すようだった」と山口は語っている。

不意に訪ねた山口や学生の話を聞いても、不信がったり、精神養子という聞いたことのない言葉に孫を養子に持っていかれると勘違いしたり、なかなか理解してもらえなかった。

山口たちは、協力してくれる学校の担任に、名前、現住所、本籍、学校名、死亡した家族、現在の家族、現在の生活費、それまでの生活史、将来の希望、斡旋の理由などを記入した精神養子斡旋書の記入を依頼した。提出された一人ずつの資料を、精神養子斡旋書控と書いた綴りに閉じこんでいった。どのようなことが書かれていたか見てみよう。

精神養子斡旋書

〈小学五年　男子〉

死亡した家族　父三一歳（原爆死）、母二七歳（原爆死）、祖父五九歳（原爆死）

現在の家族　祖母七〇歳、無職、姉一一歳

生活費　扶助料以外に収入なし　一ヵ月　三八六〇円

生活史　原爆当時は、祖母と本人と姉の三人は県下に疎開していたので難を逃れたが、市内で青果商を手広く営んでいた祖父と父、母は三人とも原爆のため死亡した。その後、残された少しばかりの土地も手放し、衣類などの売食い生活も底をつき、現在では生活扶助で祖母と姉弟三人が細々と暮らしている。

将来の希望　まだよくわからないが、早く職についておばあさんに楽をさせてあげたい

〈中学一年　女子〉

死亡した家族　父（原爆死）

現在の家族　母、内職、妹

生活費　母の内職、手伝い等の収入で若干、生活扶助を受けている

生活史　広島市内の部隊に招集されていた父は部隊船員と共に、原爆で死亡した。母と本人、妹の三人は田舎の縁故先に疎開していたが、数年前から市内に出てきた。母は、手伝い、内職と昼夜の別なく働いている。母子で助けあって生活し、成績もよい。病弱な母のためにも、一日も早く援助が望まれる。

将来の希望　できれば高校まで進みたい

〈中学二年　女子〉

死亡した家族　父三四歳（戦死）、母三二歳（原爆死）、姉一三歳（原爆死）

現在の家族　叔父一家四名、兄（県外に大工見習いとして住込み）

生活費　失業していた叔父もようやく商売をはじめ、やや楽になったが、親子四人のほかに、このめいを引き取っているので生活は苦しい。学校での諸費は免除されている。

生活史　原爆後、田舎の父の知人宅に寄留して一年間育てられた後、市内の親戚に引き取られた。しかし、約五年後その人が死亡し、次に別の知人の家に養女となった。が、約二年後、その家を出、現在の叔父の家に身を寄せている。ひじょうに複雑な生活をたどっており、精神的にも変動期にあるので、一日も早く精神的な安定が望まれる。

将来の希望　自分ではいまのところ、どうしてよいかわからぬが、早く兄といっしょにくらすようになりたい。

受持教師の所見　不幸な境遇の中にあるが、その割には明るい性格でクラスのみんなからも好かれている。勉強もできうる限り努力しているあとがみられる。しかし、ときどき強い孤独感におそわれることがある。養女にもらわれて長つづきしなかったのは、その家の家事をすべて手伝わされ、年少のためたえることができなかったためである。現在の家は母の妹のとつぎ先であり、叔父とは血縁はない。このため叔母は、絶えず夫と子どもらと、このめいとの間にはさまれて、悩んでいる。最も恐れるのは、いつもこの生徒が生活の場をおびやかされていることである。今後いかなる事態が起こるか、絶えず配慮を必要とする生徒である。この面からも、精神養子縁組がまとまれば、本人の精神を支えるうえにも、また、叔母の肩身も少しでも広くなることと、痛切にその成立を待ち望んでいる。

〈小学三年　女子〉

死亡した家族　父三〇歳（戦死）、母二四歳（原爆死）

現在の家族　祖母七〇歳、いとこ中学一年男子、小学四年男子（両親とも原爆で死亡）

生活費　生活扶助及び教育扶助だけである

生活史　母と共に疎開していたが、たまたま八月六日、母は広島市内に荷物をとりに帰ったため原爆にあい死亡した。父も終戦直前に戦死した。また一方叔父夫婦も原爆で死亡、祖母と三人の孫が残された。祖母は病気でほとんど寝ている。

担任の所見　四月はじめてクラスを持ちましたとき、無邪気な三年生はみなとびついてきました。その中で一段と深く「先生、先生」としたってきたのはこの子です。私にまつわるようにして離れたがりません。一見朗らかで明るく、話すこともはきはきしていてどことといって欠点も見受けられないのに、なにか私の心を打つさびしい影が感じられてならなくなりました。やはり、この子の境遇からにじみ出すのでしょうか。学習面でも少々落ち着きのない点があるのも、家庭事情のいたらしめるところと思われます。成績は中位ですが、綿密に学習をみて指導すれば上位に進むことを信じています。芸能科方面には特にすぐれた才能をもつように思います。絵をかくこと、文、詩を作ることが好きで女の子らしいやさしさが感じられます。よい家庭環境ですくすくとのばしてやりたい……と痛感しています。

〈小学五年　女子〉
死亡した家族　父三〇歳（原爆死）
現在の家族　祖母
生活史　父は会社員であった。原爆の時も、けがもなく帰宅したが、一年後原爆症のため死亡した。その後母は子どもをおいて家出し、再婚した。現在祖母と二人、生活扶助、教育費免除で暮らしている。祖母は他家の子守りなどをしている。いま住んでいる所は他家の物置の一部にゴザをしき、びょうぶでかこって住んでいる。母は現在やはり広島市内にいるが、いっさい、没交渉である。

養子縁組　子どもたちと精神親との縁組を決めるために作成した精神養子斡旋書から、孤児たちがいかに深刻な状態であったかがわかる。

精神親の申込は、哲学者の清水幾太郎《しみずいくたろう》や財界人の石井大二郎《いしいだいじろう》などの著名人もいたが、大半はサラリーマン、教師、公務員、学生、主婦、工員など、男女の差や年齢の差もあり幅広い人びとだった。申込書の希望欄には、「一日も早く」、「一番恵まれない子を」、「「精神薄弱」の子がいるならその子を」などと心の奥底からの善意と平和への願いが書かれていた。

理事会を開き、子どもの状況を見ながら、どの子どもとどの精神親を縁組させればいいのか何度も話し合い、一九五三年の七月二九日までに一六組の養子縁組が成立した。

しかし、これでは少なすぎた。広島原爆忌を迎える前日の同年八月五日に朝日新聞で再度大きな記事が掲載された。記事の一部である。

『朝日新聞』一九五三・八・五東京版夕刊

〝精神養子運動〟で原爆孤児を励まそう

二千名が待つ〝心の糧〟「広島子どもを守る会」全国に呼びかく

広島の原子爆弾で一瞬のうちに父母を失った孤児を救うために「広島子どもを守る会」（会長　広島大学教授森滝市郎氏）では、〝原爆孤児の精神養子運動〟を提唱しています。精神養子というのは、自分の家に引き取って養育するのでなく、孤児が収容されている施設なり、個人の家庭へ毎月養育費と愛の手紙を送るものです。今年二月、同会が発足と同時にはじめたこの運動（当時既報）は、まだ日が浅いので十分な成果をあげていませんが、三〇万人近い人命を失い、六千五百もの原爆孤児が出来たあの日から八年、あす六日を機会に「なにをおいても、いま生き残っている約二千名の孤児を救うべきだ」と、この精神養子運動を終始一貫した活動目標としてとりあげることになり、「一人でも多く精神養子の親に」と全国の家庭に呼びかけることになったものです。

○……いま生き残っている約二千名の原爆孤児は、広島市外五日市の戦災児育成所、似島（にのしま）学園等の収容所で養育されている者のほかは、わずかの身寄りを頼るか、個人の善意で家庭に引き取られてはいますが、収容所に対する政府の生活保障は必要経費の三分の二にすぎず、家庭に引き取られている孤児の大半は、原爆で一家の働き手を失った困窮家庭であるため、精神的にも経済的にもみじめな生活をしています。こうした窮状に対してアメリカの良心的な人々が四年ほど前から「原爆孤児精神養子」運動を起こし、ごく一部の原爆孤児がそれの恩恵に浴していますが、アメリカ人の好意のみに頼っていたのでは……と、今年はじめ広島大学教育学部東雲分校「子どもを守る会」が、日本人の手によって孤児を救うために乗り出したのが、この「精神養子」運動の最初で同会が発展的に解消して結成された「広島子どもを守る会」が引き継いで行っているものです。

○……「毎月千円の養育費と愛の手紙を……」というこの運動は、さっそく「われわれは苦しい生活と闘いながら勉強する学徒です。小遣いを節約し、買いたい本を遠慮して、アルバイトで得た金が二千五百円たまりました。平和を願い、孤児達の明日への幸福を願う気持ちがわかっていただければ……」という三人の学生、「私どもは今までも自宅で世話をしたいと思っていましたが、体力の自信がないので果せずにおりました。養育費と文通による援助でしたら、お役に立てるかと思います」という主婦などの声になってあらわれ、著名人の中には学習院大学教授清水幾太郎氏からも〝精神養親〟の申し込みがありました。

○……現在までの所、精神養子縁組が成立した数は数えるほどしかありませんが、その親となっている人々はいずれも孤児に欠けている愛情や精神的援助をしてあげながら、人間愛に結びついた平和の創造に進みたいという熱意にあふれており、「広島子どもを守る会」でも、精神養子となった孤児達を、よりよく導いて行くという意味から、ハイキングや懇談の会を持ち七月はじめには同会副会長の山口勇子さんの家に、八人の精神養子が集まって紙芝居に興じたりしています。

○……清水幾太郎氏夫妻が精神養子になっている青木哲雄君（広島市袋町小四年生）は、お父さんお母さんを原爆で失い、年とった祖父母のもとに二人の兄妹と暮らしている孤児ですが、最近哲雄君から〝東京のお父さん　お母さんへ〟と送られてきた手紙の一節には「ぼくが学校からかえってみると、えんがわにこづつみがおいてありました。おばあちゃん、このこづつみはどこからきたのですかときくと、東京のお母さんからおくってきたのといってから、すぐにこづつみをといてみましたら、しゃつやずぼんや本がはいっていました。ぼくはよろこびました。おばあちゃんがないてよろこばれました」とありました。幾太郎氏夫人慶子さんは「だれからの手紙より哲雄ちゃんの手紙がうれしく、この手紙を受け取った時の喜びだけで〝精神養親〟になったかいがあると思います。この運動はまだまだ一般に理解されていませんが、二度と再びあの惨禍をくりかえさないためにも、全国の良識ある人たちに強く訴えたいと思います」と語っています。

また「日本子どもを守る会」の会長長田新氏も「米国に依存することなく、日本民族が当然やらなければならない問題であり、民族の自由と独立のための運動の場として、日本人の良識に訴えたい」とのべています。

この記事の効果か、この年の終わりには約六〇組の養子縁組が成立した。

四　孤児たちの願い

原爆症におびえる孤児

孤児の中には原爆症との不安とたたかう子らもいた。「広島子どもを守る会」は、一九五五年の七月には市内の小中高校生の被爆調査を行い、原爆症の懸念のあるもの四〇〇名の名簿を作成した。この名簿を広島県市教育委員会、県市議会、原対協、県市医師会、県市ＰＴＡ、高中小校長会、教職員組合、原水爆禁止広島協議会に送り、その善処を請願している。請願の前年の一九五四年三月一日、アメリカによるビキニ諸島での水爆実験によって、焼津《やいづ》のマグロ漁船第五福竜丸《ふくりゅうまる》が被爆した。無線長久保山愛吉《くぼやまあいきち》が死去し、妻と三人の子どもが残された。原爆孤児と呼ばなくてはならぬ子らは、広島・長崎で終わったはずだった。しかし、またもや日本の子どもが、今度は水爆のために孤児となったことに対して孤児の支援者らは言葉もなかった。「再び原爆孤児を作るな」が「広島子どもを守る会」の合言葉になった。「広島子どもを守る会」はせめて広島で原爆症の恐れのある子らを何とかして助けたいと思った。そのために行ったのがこの調査だった。

世界の人たちに聞いてほしい

一九五九年八月五日、原水爆禁止世界大会が広島で行われた。被爆者代表として岡村広子が壇上に立った。広子は、原爆投下のとき二歳。おばの家から高校に通っていた原爆孤児だった。精神親はアメリカ人だ。思い切ってみんなの前で自分の体験と思いを訴える決意をしたのだ。

第五回原水爆禁止世界大会における被爆者代表の訴え

岡村広子

私は広島に住む原爆被災者の一少女です。

あの一四年前の八月六日、そうです。広島にあのおそろしい原爆が落とされた日です。

その原爆によって、父と母と姉の三人を失い、今は遺された姉妹三人です。その当時、たった二歳だった私は何一つおぼえているものはありません。もちろん父や母の顔もおぼえていません。でもいつもおばさんたちにその当時のことを話してもらっています。

私はその日、乳母車に乗せてもらって外にいました。私は大きな音におどろいて、ひっくり返った車のすみで小さくなっていたそうです。ですから、私は幸いにして傷一つしていませんが、後になって髪がぬけて丸坊主になり、血などを吐き、歩いていた私は歩けなくなったそうです。だのに現在このように大きくなって、健康に育ったのは奇蹟的だとみんなはいつもいっています。

母は建物の下敷になりましたが、すぐはい出したので、そのときは助かったのですが、なにしろ母は子ども三人を抱えてにげ廻り、それに父が心配になって翌日市内をさがし廻ったのでそうしたことが悪かったのでしょう。三週間ぐらいして母は死にました。父はどうなったのかとうとう遺体もみつけ出すことができませんでした。父の魂もきっとこの慰霊碑の中にあるでしょう。

このようなことを思い出すたびに父母と姉の一人、そして広島、長崎の人々を奪った原爆が憎らしくてならない気持ちでいっぱいです。そんなとき「なぜ私もいっしょに死ななかったのだろうか、なぜいっしょにいた母や姉は死んだのであろう」と思います。しかしその反面、「いや、私は生きなければならない、そしてあのおそろしい、悲しい思いを再び起こらないように日本中、いや、世界各国のみなさんに訴えなければいけない。私が訴えなければ誰が訴える者がいようか」という気持ちがあふれてきます。

ちょうど七年前、私が小学校三年生のとき「広島子どもを守る会」の世話によってアメリカのニューヨークのブルックリンに住んでいられるスカンジナローさんの精神養子になりました。今ではスカンジナローさんとは、遠く海を隔てていても親子のように手紙によって心を通じ合っています。私とスカンジナローさんのようにみんなの心は、どこの誰とも知らない人でも、遠く離れていても、言葉がわからなくても、心と心は通じ合うのではないでしょうか。いやきっと通じ合っていると思います。その心とは、原水爆の無い平和な世界を願う心でしょう。

私も、もちろんここに集まっていらっしゃるみなさんも一人ひとりでは、誰彼と区別なくこの慰霊碑の前ではなかよく手を結ぶことができるでしょう。私たち子どもの世界では、東西区別なく、手をつなぐことができます。それだのに大人の世界では国内、いや世界の国々がなぜなかよく手を結ぶことができないのでしょうか。世界各国、東西区別なく手をつなぐことができたならば、自然に原水爆を作らなくてもよいようになるでしょう。そうすれば、そこに世界平和が生まれるのではありませんか。

どうかみなさん、この大会で世界、いや地球から原水爆がなくなるように手をつなぎあって、世界中の人々に訴えてください。

私は、おとうさん、おかあさん、おねえさんの眠っているこの慰霊碑の前で心からお願いします。

一九五九年八月五日

このとき、二四名の子どもたちが書いたものが、「第五回原水爆禁止世界大会に集まられたみなさんへ―原爆で親をうばわれた少年少女は訴える―」という冊子として世界からの代表や国内の参加者に配られた。子どもたちの手記には、幼い頃の様子や今の暮らしのこと、原爆症の不安、父母がいないことの悲しみ、これからの暮らしへの絶望感などが綴られている。一方、原水爆廃絶の訴え、被爆者への無理解への憤り、平和の実現への願い、水爆開発への怒り、米ソの対立への批判なども書いている。原爆によって孤児になった子どもたちが青年になり、自分たちの親を奪い取ったものは何だったのかを、見つめて訴えたものだ。孤児たちの訴えは本当に世界の人々に届いたのだろうか。

おわりに

一番幼かった子どもが一八歳になった一九六三年、原爆孤児の国内精神養子運動は幕を閉じた。一一年間の取り組みだった。五月一〇日、母の日、広島市大手町の平和会館に成長した孤児たち一三人が集まり、精神親のおかあさん代表として山口にカーネーションの花束を贈った。足掛け一一年に及ぶ国内精神養子運動。山口は回顧して書いている。「ほんとうならば原水爆はすっかり禁止され、再び原爆孤児の生じる不安はなくなって、子どもたちもそろって元気よくあすにむかって歩き出した、という幕切れにしたかった」と（山口、一九八五）。

「なぜお父さんやお母さんは死ななければならなかったの？」

子どもたちは成長するにつれて、問い続けた。

図3　『絵本　おこりじぞう』表紙（金の星社，1979年）

山口はその問いかけに答えるかのように『おこりじぞう』を書いた。

原爆を作ったもの、原爆を投下したもの、孤児をつくったもの、戦争を起したものへの嘆きと怒りを込めて。

参考文献

今堀誠二『原水爆時代―現代史の証言―下』三一書房、一九六〇年
宇吹　暁「ヒロシマ戦後史―被爆体験はどう受けとめられてきたか―」岩波書店、二〇一四年
長田新編「原爆の子―広島の少年少女のうったえ―」岩波書店、一九五一年
新田光子「広島戦災児育成所と山下義信」法蔵館、二〇一七年
日本子どもを守る会編、中村博・中野光・堀尾輝久監修『花には太陽を子どもには平和を―子どもを守る運動の五〇年―』新評論、二〇〇二年
平井美津子「原爆孤児　『しあわせのうたが聞こえる』」新日本出版社、二〇一五年
平井美津子・本庄豊編『シリーズ戦争孤児』一巻～五巻、汐文社、二〇一五年
山口勇子編『かあさんと呼べた―原爆の子らと歩いた一一年の記録―』草土文化、一九六四年
山口勇子『子どもに平和を　平和の教育を』あゆみ出版、一九八五年

第四章　引揚孤児
——博多・舞鶴——

本庄　豊

はじめに

本章で扱う「引揚孤児」とは、敗戦後日本の支配した旧満洲《まんしゅう》や朝鮮半島、樺太《からふと》、あるいは東南アジア、南洋諸島などから引揚げてきた孤児たちのことである。引揚げの過程で親を亡くしたり、現地に置き去りにされたりした子どもたちが孤児（中国残留日本人孤児など）となった。

厚生省社会援護局援護五〇年史編集委員会『援護五〇年史』（一九九七年）によれば、敗戦時海外にいた日本人（朝鮮半島・台湾出身者を含む）は約六六〇万人といわれる。内訳は、軍人三五三万人、一般人三〇〇万人余りとされる。これらの人々が敗戦後、日本に引揚げたことになる。史上最大の短期間での民族大移動だった。移送手段は主に船舶が使われた。日本政府は引揚げ用の港（引揚げ港）として、博多《はかた》（一三九万二〇〇〇人）、佐世保《させぼ》（一三九万二〇〇〇人）、舞鶴《まいづる》（六六万四五〇〇人）、鹿児島《かごしま》（三六万一〇〇〇人）、浦賀《うらが》（五六万五〇〇〇人）、仙崎《せんざき》（四一万四〇〇〇人）など一八港（その他は、呉《くれ》、下関《しものせき》、函館《はこだて》、大竹《おおたけ》、宇品《うじな》、田辺《たなべ》、唐津《からつ》、別府《べっぷ》、名古屋《なごや》、横浜《よこはま》、門司《もじ》、戸畑《とばた》の各港）を指定した。博多港と佐世保港に引揚者の約四割が上陸していることになる。

　筆者の両親は台湾からの引揚者である。軍人が優先されたため、陸軍の主計中尉だった父は母を伴い、敗戦半年後の一九四六年二月末に和歌山県田辺港に引揚げてきた。生まれたばかりの長男（筆者の兄）は栄養失調のため死去し、遺骨になって日本の地を踏んだのである。

　引揚港に着いた船のなかに、どれほどの孤児がいたかはわかっていない。本章では博多港に絞って引揚孤児の実態を可能な限り明らかにしたい。舞鶴港については資料が少ないので、簡単に記した。

一　敗戦と奉天孤児院

満洲移民

もともと満洲への日本からの移住（満蒙開拓団《まんもうかいたくだん》）は、村単位が多かった。中国の人たちの土地を奪ったり、ただ同然で買いとったりしたため、恨まれる

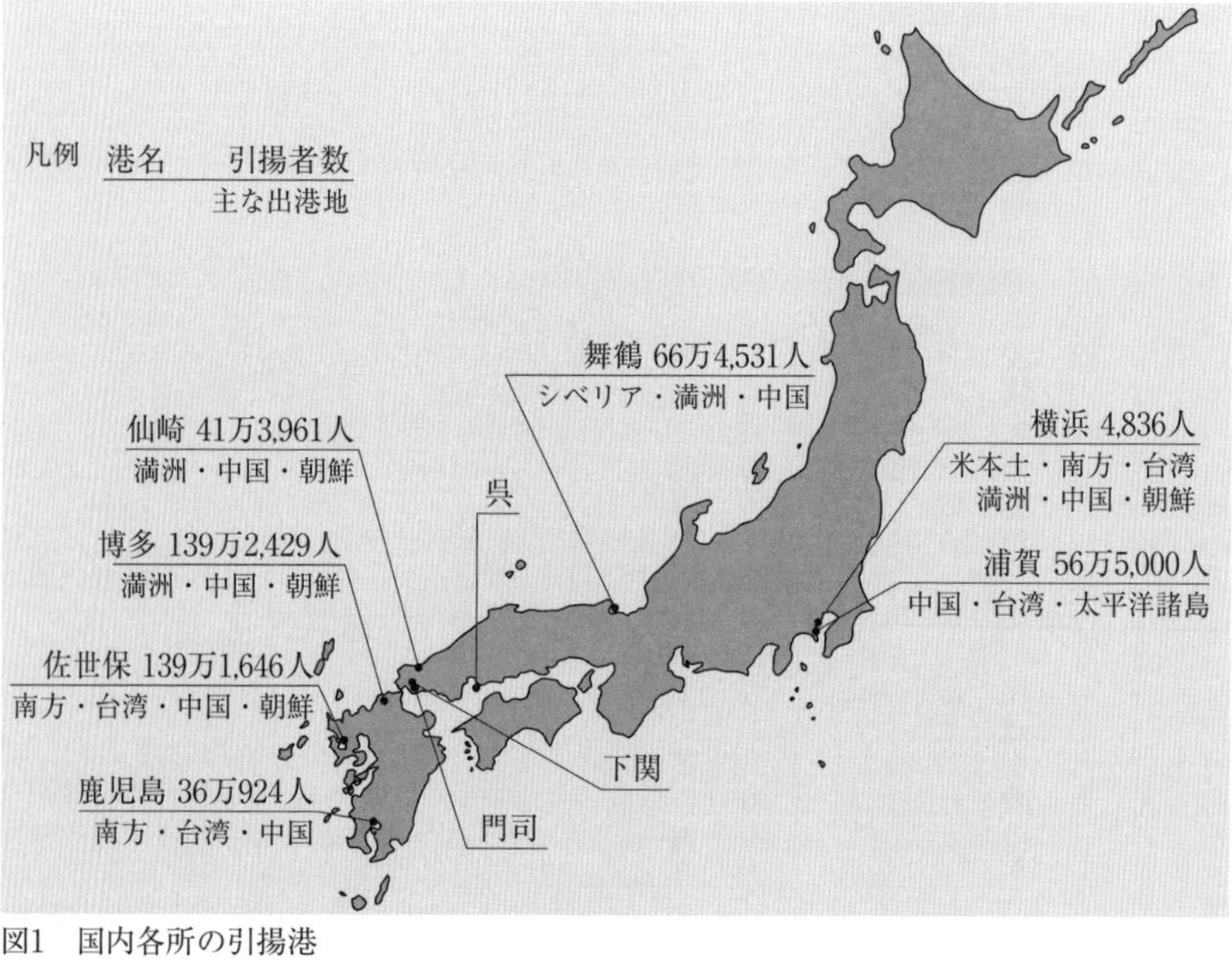

図1　国内各所の引揚港
（厚生省社会援護局援護50年史編集委員会『援護50年史』1997年より作成）

ことになった。日中戦争（一九三七〜四五年）が始まると、若い男性が兵士にとられるようになり、移住する男性を集めることが困難になると、「満蒙開拓青少年義勇軍」という名で、一六〜一九歳の青少年が学校を通じて募集されるようになった。義勇軍は一九三八年から始まり、敗戦までの八年間に約八万六〇〇〇人が満洲に送り込まれた。満洲移民のなかの子どもたちを含めると、敗戦直前の二七万人の移民のうち、約半分が少年・少女だったことになる。

日本が戦争に負け、真っ先に帰国したのは軍人たちだった。民間の人々は旧満洲や朝鮮に残され、各地の収容所に

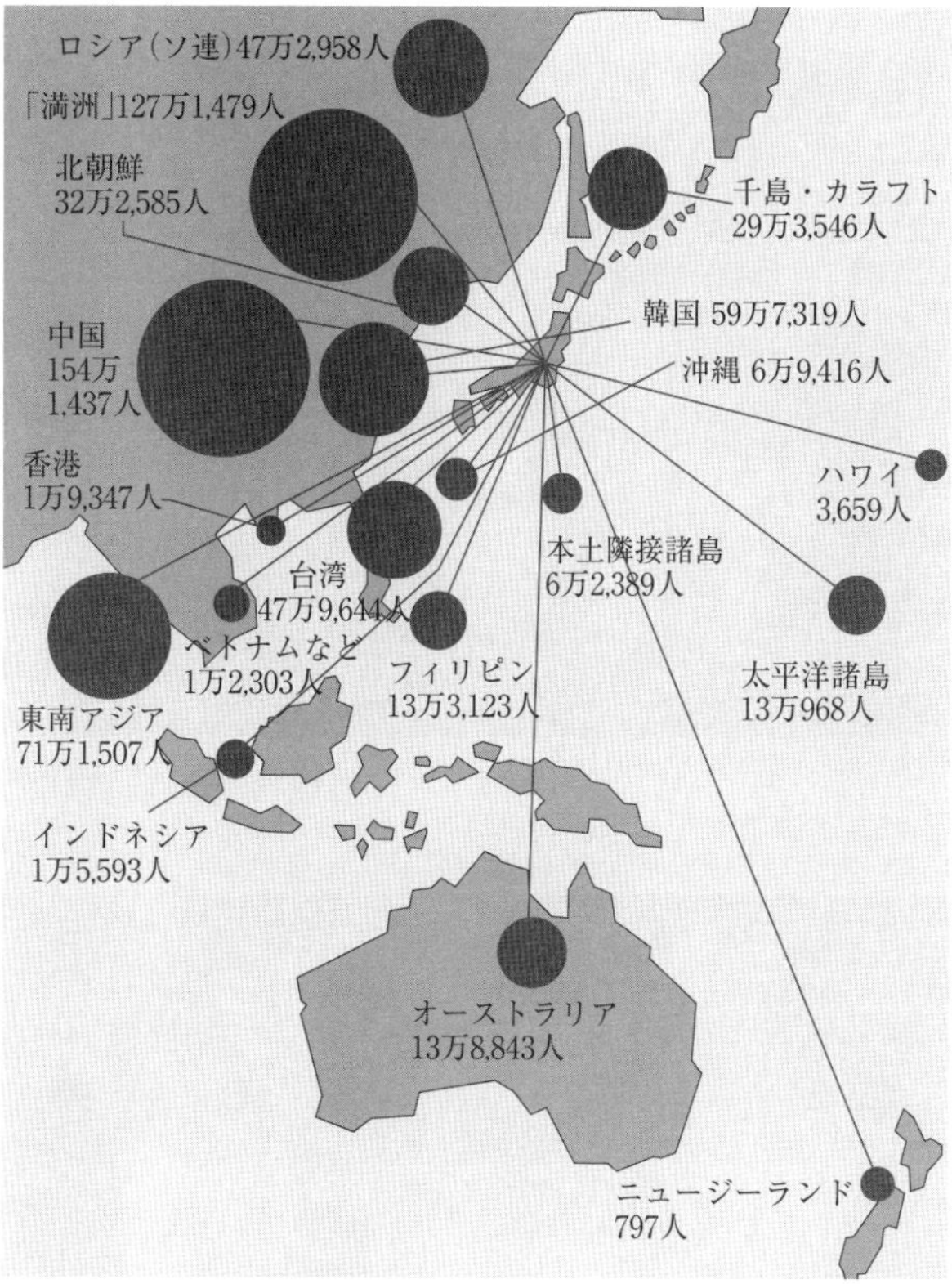

図2　復員および引揚者の数
（本庄豊・平井美津子編『シリーズ戦争孤児』第5巻，汐文社，2015年）

図3　奉天の同善堂孤児院の日本人孤児たち
(『シリーズ戦争孤児』第5巻)

図4　博多港に上陸した子どもたち
(『シリーズ戦争孤児』第5巻)

集められた。収容所の冬は寒く、マイナス二〇度から三〇度にもなった。収容所で親が亡くなり、孤児となった子どももいた。開拓団員のうち、約八万人が亡くなった。敗戦時に旧満洲にいた日本人は約一五五万人、死者は二〇万人といわれているが、死者のうち四割は開拓団員だった。

奉天《ほうてん》(現在の瀋陽《しんよう》市)は鉄道の集結点であり、着の身着のままの日本の人々が集まって来た。そのなかには親を亡くした孤児が多くいた。日露戦争の激戦地だった奉天には、中国人の戦争孤児がたくさんおり、キリスト教や仏教関係の孤児院が運営されていた。日本人孤児たちのなかには、奉天の孤児院で一時生活する者もいた。

引揚船を待つ人々

旧満洲にいた日本人は葫蘆島《ころ》（遼寧省《りようねい》）に、朝鮮にいた日本人は釜山《ぷさん》港などにたどり着き、博多港などに向かういつ乗れるかわからない引揚船を待った。なぜか引揚船はなかなか出港しなかった。引揚げが遅れた理由は日本政府の姿勢にあった。敗戦の前日の一九四五年八月一四日、日本の外務省は「満洲や朝鮮で暮らす日本人は現地に留まりそこで生活するように」という文書を、また八月二六日には「満洲や朝鮮に住むものは日本国籍を離れてもよい」という文書を出していた。開拓団を守る日本軍（関東軍）は真っ先に逃げ出し、自分の命は自分で守れというのだった。移民ではなく、棄民（棄てられた人）といわれるのも当然だろう。

二　博多港への引揚げ孤児と聖福寮

敗戦から一年後の一九四六年八月八日、中国の葫蘆島などからの引揚孤児二五〇〇人が博多港に上陸した。新京《しんきよう》（現長春《ちようしゆん》）から来た子どもが多く、父母は満蒙開拓団に参加したが、父は現地召集され母は引揚げの途中で死去し、孤児になったという。

内山和子は次のような談話を残している。

　その一人ひとりをみると、やせ細って、骨と皮ばかりでお腹だけがふくれた子、ひどい栄養失調症で歩けない子、真っ赤にただれた目や疥癬《かいせん》といった皮膚病などを持っている子など、特に治療の必要な子どもたちとその兄弟です。髪型は、男の子は勿論、女の子も丸坊主。逃げる途中、身を守るために、男の子の格好をしていたのです。皆、足には草鞋を履いて来ました。素足やボロボロの靴で博多埠頭へ上陸したため、援護局で買ったのかもしれません。どの子も荷物らしい物は持っておらず、母親の遺骨や位牌だけを握りしめている子もいました。皆、疲れ切っておびえた顔ばかりです。

（高杉、二〇一一）

二五〇〇人の引揚孤児のうち、重い病気を患っていた子どもは、引揚者医療孤児施設「聖福寮《しょうふくりょう》」に収容された。聖

図5　聖福寮全景
（『シリーズ戦争孤児』第5巻）

図6　聖福寮の孤児たちと職員
（『シリーズ戦争孤児』第5巻）

福寮は、泉靖一《いずみせいいち》（文化人類学者）らが一九四六年に設立した在外同胞援護会救援部がもとになっていた。救援部が借り受けた寺院内に「聖福病院」が設置され、中国大陸や朝鮮半島からの引揚者の診察・治療にあたった。引揚者でもあったソウル大学の医師たちが医療を担当した。

小児科医長・山本良健医師

聖福病院小児科医長になった山本良健医師は、博多に入港する引揚孤児たちを診察した。命からがら中国の葫蘆島《ころ》や朝鮮の釜山《ぷさん》港にたどりついた孤児たちは、その時点でかなり衰弱しており、博多港で亡くなってしまうことが少なくなかった。山本は孤児たちが静養できる施設の設置をめざした。これが聖福寮となった。開寮は一九四六年八月のことである。聖福寮の建物は、引揚者の住宅用に建設された二階建ての建物が転用された。スタッフは、「雑誌『婦人の友』福岡友の会」の女性たちなど十数人だった。

聖福寮に収容された孤児たちの多くは、リュックサックに荒塩を入れており、部屋の隅でそれをちびりちびり舐めた。そうやって過酷な引揚げの逃避行生活を生き延びてきたのである。母親の遺骨や位牌を握りしめていた孤児もいたという。

寮に収容されたものの、疲弊しきってきたので、不安で安眠できない子、下痢や嘔吐を繰り返す子も多かった。そのため、寮の職員たちはシーツやおむつの洗濯が日課となった。午前中の「勉強の時間」には、北九州大学の学生たちがボランティアで教えに来てくれた。引揚げのなか、一年以上も勉強から遠ざかっていた孤児たちは、とても勉強したがっていたのである。

体重測定を楽しみにしていた子どもたち

当時の献立の記録が保育日誌に残されている。

一九四六年八月一六日（金）晴　子供数　四四人

朝食　南瓜入り粥　味噌汁
昼食　味噌入りスイトン汁
軽食　ビスケット　牛乳
夕食　オムレツ　ぶどう
病人食　牛乳　卵焼　ぶどうジュース
同年一〇月一六日（水）子供数　五二人
朝食　御飯　味噌汁　鮭かんづめ
昼食　南瓜小豆ぜんざい
軽食　ビスケット　牛乳
夕食　野菜支那風煮込み

（高杉、二〇一一）

物資のない時代、軍隊で使われていた乾燥鶏卵などを、引揚援護局などの支援で調達していたため、こうした献立ができたのだろう。子

図7　聖福寮の孤児たちの描いた絵
（『シリーズ戦争孤児』第5巻）

どもたちの一番の楽しみは食事、とりわけ夕食だった。

食糧事情が改善されるにつれ、栄養失調でがりがりに痩せていた孤児たちの健康は恢復していった。週一回の体重測定は、夕食とともに子どもたちの楽しみになった。早く標準体重になりたいと思ったのだろう。痩せて歩けなかった子どもも、しだいに廊下を歩くようになっていった。

子どもたちが描いた絵を見ると、体重測定を楽しみにしていた様子が伝わってくる。

小倉駅前の「戦災遺児収容所」

一九四六年九月下旬には、中国の撫順《ぶじゅん》から一八人、ハルピンから一七人の孤児たちが入寮している。撫順には難民収容所があり、孤児たちもそこに収容されていた。撫順から日本に戻った孤児もいたが、そのまま現地に留まり、中国人に育てられた孤児（中国残留日本人孤児）もいた。

七ヵ月の開設期間（一九四六年八月から四七年三月）に聖福寮が受け入れた孤児たちは一六四人だった。退寮後、孤児たちは縁故者に引き取られたり（一一五人）、他の収容所に移動したり（四〇人）した。寮で亡くなる孤児もいた。

聖福寮が閉鎖されても、孤児たちがいなくなったわけではない。元やくざだった西田好之助は、北九州の小倉駅前に「引揚援護同盟」の看板を掲げ、寝食を忘れて引揚者の世話をした。引揚げが落ち着くと、駅にたむろする戦争孤児たちのために奔走するようになる。看板を「戦災遺児収容所」と変え、各地から集まって来た孤児たちの面倒をみたのである。三〇人前後の孤児たちが常にいた。

収容所はやがて「双葉寮」と名を変えた。西田は当時を述懐して「三年忌（敗戦より三年）がきたので、もうこれでよかろうと、こどもたちに別の施設に行くよう話したところ泣いてとりすがられ、また七年忌までがんばった」（柳本、一九六〇）と述べている。

ここで京都府舞鶴市にあった、もう一つの「双葉寮」について書いてみよう。

三　舞鶴港への引揚げ孤児と双葉寮

引揚者たち

引揚者の一番多かった博多港には一三九万人以上が上陸した。舞鶴港は博多とほぼ同数が上陸した佐世保港に次ぐ、上陸者数三番目の港である。ただし、他の港が早々とその任務を終えた（舞鶴港以外は一九五〇年まで）のに対して、舞鶴港はシベリア抑留者の引揚港として、日本の敗戦から一三年後の一九五八年まで引揚者を受け入れてきた。引揚者六六万人、遺骨は一万六〇〇〇柱だった。

舞鶴にあった二つの孤児院の記録を参考に、当時の引揚孤児の様子について記してみよう。舞鶴学園は、元新聞記者山口勲によって創立された「日本青少年自彊学会」が前身である。一九四六年、山口は同志数人が京都中央保健所から、戦争孤児一一人を引き取って世話を始めたことが出発点となっている。最盛期には一〇〇人余りの孤児を収容していた。ただし、引揚孤児に限定した施設ではなかった。

双葉学園の記録

一方(舞鶴)双葉学園は一九四六年七月より、引揚孤児の保護施設として出発した。全体の孤児の数は不明だが、一九五三～五五年にかけての記録が残されている。

引取先	総数	父母、祖父母	親戚	引揚者	舞鶴	都道府県
昭和二八年	八〇	二八	二六	一〇	四	一二
昭和二九年	四	一	二	一	〇	〇
昭和三〇年	九	八	一	〇	〇	
合計	九三	三七	二九	一一	四	一二

図8　皇族による森寮(双葉寮)訪問(『舞鶴地方引揚援護局史』)

（旧舞鶴地方引揚援護局、一九六一）

「都道府県」とは、引き取り手のない孤児の場合、開設された都道府県の一時保護施設に送った数字を示している。一枚の写真がある。皇族が森寮（双葉寮）を訪ねたときのものである。正座をさせられた孤児の姿がなぜか痛々しい。天皇の名のもとに始められた戦争で孤児になり、再び皇族の前に正座するのはなぜだろうか。

四　生まれることのできなかった子どもたち――二日市保養所――

性暴力

引揚げの途上、ソ連兵などから暴行を受け、妊娠させられたり、性病に感染させられたりする女性が多くいた。ソ連参戦で、自決し全滅する村もあるなか、吉林省《きつりんしょう》陶頼昭《とうらいしょう》に入植した岐阜県黒川村《くろかわ》（現在の白川町《しらかわ》）の満洲開拓団（六〇〇人以上）は、未婚女性をソ連兵への性接待係に差し出すことで、日本へ生還する道を選んだ。接待係となった女性たちに拒否権はなく、団幹部により強制された性暴力に他ならなかった。これらの事実が明らかになってきたのは、戦後七〇年後のことである。NHK「満蒙開拓団の女たち」（二〇一七年）などにより、多くの人々に知られることになった。

堅く口を閉ざしてきた被害女性たちが証言するようになったのは、日本軍慰安婦問題などで発言しやすい時代になったこともある。黒川分村遺族会が加茂郡白川町黒川の佐久良太《さくらだ》神社に設置した「乙女の碑」の碑文（二〇一八年新たに設置されたステンレス製のもの）には、性接待の恐怖とともに、戦後女性たちが中傷されたことなどもきちんと書かれている。

満洲や朝鮮での逃避行のなかで、さまざまなかたちで性暴力を受け、妊娠させられた女性がいた。彼女たちは妊婦として引揚げてきたのである。引揚げ女性のうち、約一割が被害にあったという調査もある。妊娠させられた女性のなかには、将来を絶望して引揚船から身投げした者もいた。

在外同胞援護会救援会

妊娠した女性たちを博多港で待っていたのは、在外同胞援護会救援会の医師や看護師たちだった。日本政府が何もしないので、福岡県と交渉し、内陸部にある旧愛国婦人会の保養所を借り受け、一九四六年三月に二日市保養所を開設、性病の治療や堕胎（子どもをおろすこと）などが行われた。担当した医師や看護師は旧ソウル帝国大学関係者などだった。

生まれることなく亡くなった赤ちゃんの冥福を祈り、水子地蔵の入った祠と「仁」と刻まれた石碑が建てられた（図9）。

図9　水子地蔵の祠と石碑

おわりに

敗戦後、日本が戦線を拡大した地域からの大量引揚げが始まり、その過程で多くの孤児が発生した。満洲や朝鮮、南洋群島などでは移民の孤児である。一方、日本軍が駐留した地域では現地女性と日本軍人とのあいだに生まれた子どもが、敗戦により孤児になるケースが少なくなった。戦争の拡大と戦後の占領は、だから孤児の発生と非常に深くつながっている。

本章では主に博多港に引揚げた孤児たちの姿を追った。孤児が発生すれば、人道的、宗教的な事情から、「孤児院」が設立される。引揚孤児の場合は、現地で孤児院に入る場合もあるし、上陸後に孤児院にいれられるケースもある。無数の孤児がおり、戦後に孤児の数と同じだけの人生があったことを思うと、それを記録していくことの大切さをあらためて実感させられた。

満蒙開拓団の一員として家族とともに移住した京都に住むある男性は、引揚げのなかで両親を亡くし、弟を一人満洲に残して、舞鶴港に引揚げてきた。弟は中国残留日本人孤児となり、戦後再会を果たすが中国で暮らしていたため日本語ができなかった。たった一人の身内との意思疎通に事欠くなかで、戦争のもたらすものの惨《むご》さを知ることになる。現在は語り部として、戦争孤児の実相について語り続けている。

参考文献

旧舞鶴地方引揚援護局（一色正雄）編『舞鶴地方引揚援護局史』厚生省引揚援護局、一九六一年、非売品
高杉志緒『日本に引揚げた人々―博多港引揚者・援護者聞書―』図書出版のぶ工房、二〇一一年
本庄豊・平井美津子編『シリーズ戦争孤児①〜⑤』汐文社、二〇一四〜一五年
柳本見一『激動三十年　福岡県の戦後史』毎日新聞社西部本社、一九六〇年

第五章　沖縄戦で生まれた戦争孤児
——「艦砲《かんぽう》ぬ《の》喰《く》ぇ《い》ーぬくさー《のこした》」子ども——

川満　彰

はじめに

「艦砲《かんぽう》ぬ《の》喰《く》ぇ《ぃ》ーぬくさー《のこし》」とは沖縄戦で家族を失い、悔しみや悲しみを「あなたも わたしも おまえも おれも 艦砲の喰い残し」と、生き残った人々をリズミカルに揶揄《やゆ》することで、命や平和の尊さを歌った沖縄民謡（作詞・作曲 比嘉《ひが》恒敏）である。この歌が現わしているように、地上戦を強いられた体験者らは、今でも「語りきれない」歴史を背負う。

精神科医の蟻塚《ありづか》亮二は、沖縄戦は「武装した米兵が獲物を求めて目前に見え隠れし、見つかれば殺される命がけの状況だった。そんな状況は『本土』にはなかった。生活の場が戦場となり、日本軍によって住民が処刑・斬殺されることもあった。『集団自決』もあった。戦後、住民は収容所におしこめられたが、『本土』で米軍によって検束されて収容所におしこめられた非戦闘員はいない」と、本土との戦場の違いを述べている（蟻塚、二〇一四、一七～一八頁）。

沖縄戦は、戦死した米従軍記者アーニー・パイルの「ありったけの地獄を集めた戦争」という表現が妥当であろう。

その「ありったけの地獄」をさまよった子どもと向き合うことで、彼らの暮らす沖縄の戦後社会が見えてくる。沖縄戦は、子どもの歩むべき戦後の道程を狂わせた。その代償は大きく、いまだに戦争から抜け出すことができない孤児がいる。彼らが戦争孤児となった戦場の様相からみてみる。

一　戦争孤児が生まれた理由《わけ》——戦場《いくさば》の童《わらび》——

戦場をさまよった子ども

沖縄で日米両軍が直接対峙し、最も激しい戦場となったのが沖縄本島の中南部地域だった。大本営は日本本土決戦を遅らせるため、沖縄戦を、勝つことが目的ではない「捨て石」となって「持久戦」を行うことを下命した。沖縄を指揮していた第三十二軍はその持久戦を宜野湾《ぎのわん》市嘉数《かかず》以南の中南部で計画、そこに大量の米軍が押し寄せたことで、逃げ場を失った多くの住民が犠牲となった。

南部の玉城《たまぐすく》村で生まれた石原絹子《いしはらきぬこ》さん（当時七歳）は、防衛隊に取られた父親の「必ず帰ってくるから、みんな生きて待っていてくれ」という言葉を信じ、母親と三兄妹で戦場を逃げ回った。やっと壕に入ったとき、日本軍がやって来て「子どもを殺すか、壕を出ていくか」と母が脅され、壕を出ていくときに食料も奪われたという。そして日本兵に「安全だから」と教わった摩文仁《まぶに》で爆撃に遭い、「母と兄が崩れた岩の下敷きになって亡くなった」と振り返る。その後、「おぶっていた一歳の妹が冷たくなっていた」「妹のほおは紫色に変わり、目や鼻、口からウジがわき出して、払いのけても増えるばかりでした」と述べた。三歳の妹も胸に砲弾の破片を受け、息絶えたという。一人ぼっちとなり疲れ果てた絹子さんは、死体に埋もれるようにして気を失い、「目をさました時、学校で『鬼畜』と教わった米兵に抱かれていました」と語った（筆者聞き取り、二〇一七）。

図1　栄養失調となった子ども
（読谷村にて，1945年4月4日，沖縄県公文書館所蔵）

豊見城《とみぐすく》第一国民学校に通っていた外間亀吉《ほかまかめきち》さん（当時八歳）は、逃げている最中、「父は爆撃を受け、顔の半分近くがなくなってしまった」と述べる。父の「先に行け」という言葉に、父を残して逃げるが、次に母が空襲でお腹をやられ、飛び出した内臓を押さえながら次姉（当時一四歳）に「ヤーヤ、亀吉ヌクトゥ考えてトゥラセヨナー（あなたは、亀吉のことを面倒見てやってよ）」という言葉を遺して亡くなった。その後、長姉も亡くなり、残った亀吉三兄姉は米軍に捕まった。北部の字大浦《おおうら》にできた民間人収容地区に入れられ、カバヤー（幕舎）で何世帯かの家族とともに寝起きし、海岸沿いを歩いては貝やカニを捕りながら半年以上も暮らしたという（筆者聞き取り、二〇一七）。

県立第一中学校に通っていた城間期一《しろまきいち》さん（当時一六歳）は、鉄血勤皇隊として戦場をかけめぐり敗戦を迎えると、家族の安否が次々と入ってきたという。期一さんと同じ鉄血勤皇隊だった弟と、防衛隊にとられた父は戦死。島尻《しまじり》（沖縄本島南部のこと）をさまよっていた祖母と妹二人が亡くなり、母は米軍の野戦病院で死亡。生き残った弟二人と妹一人は孤児院に収容されていたという。

期一さんは「一〇人家族のうち父母を含めて六人が死亡し、私を頭に兄弟四人が生存……」。期一さんは「目の前が真っ暗になり、絶望感だけが残った」と述べている（西原町史、一九八七、三一六〜三三二頁）。

対馬丸撃沈事件で孤児となった子ども

一九四四年七月七日、サイパン島が陥落し、沖縄で日本軍の陣地・基地建設が本格的に始まった頃、日本政府は県に対し県民一〇万人疎開計画を指示した。そして一九四四年八月二二日、疎開者を乗せた対馬丸《つしままる》が、奄美《あまみ》大島と屋久《やく》島の間にある悪石島《あくせきじま》近海で米潜水艦ボーフィン号によって撃沈。船員も含めた乗船者一七八八人（推測）のうち一四八四人の人々が犠牲となった。そのうち〇歳から一五歳までの犠牲者数は一〇四〇人で、総犠牲者数の七〇％にあたる（対馬丸記念館公式発表、二〇一八年八月二二日現在）。

対馬丸には教員が引率する学童疎開以外に家族・親戚・地縁等で構成された一般疎開者も乗船していた。沖縄市の金城園子《きんじようそのこ》さん（当時一二歳）と姉の安江《やすえ》さん（当時一四歳）は、すでに父は他界していたので、先に母と三姉弟の四人が対馬丸に乗り撃沈されたことで戦争孤児となった（「琉球新報」二〇一七年八月二二日）。

他方、読谷《よみたん》村出身の喜友名《きゆな》トミさん（当時七歳）は、父は軍属として沖縄へ残り、母と二人の弟、四人で対馬丸に乗船した。撃沈で一人だけ生き残ったトミさんは、そのまま九州で疎開生活を送った。戦争が終わりやっと沖縄へ帰ると、父はすでに戦死。トミさんは船から降りた同じような子どもが、父母らに抱きかかえられながら家路へ向かう姿を見て「私だけが取り残されたように感じて、『生きて帰らなければよかった』と子どもながらにとても傷ついて泣いてしまいました」と振り返る（読谷村史、二〇〇四、八二〇〜八二四頁）。

西原《にしはら》村（現西原町）の『村制十周年記念　村勢要覧　西原村　一九五六年』には「八月十六日（昭和二十一年）に日本々土から十一名の村民を受け入れ、十月三日には宮崎県に疎開していた児童一七八名が、仲宗根《なかそね》英輝教員引率の下に帰還した。一カ年半振り、無事還ってくれた児童を温い気持で迎えた。しかし戦争によって父母兄弟を失い、孤児として親類縁者に伴れ行く後姿を見た時、誰一人泣かないものはなかった」（読点は筆者挿入）と記されている。子どもたちは船から降りるとき、はやる気持ちを抑えて沖縄の地を踏んだであろう。両親が迎えに来ないことで戦争孤児となってしまったことを知った、幼い子ども。その気持ちを表現できる言葉は見当たらない。

沖縄関連の県出身の民間人にかかわる戦時撃沈船舶は二六隻、死没者数は県出身者三四二七人を含む四五七九人と推測されている（沖縄県、二〇一七、五四一頁）。このうち、いったいどれぐらいの子どもが犠牲となり、逆に生き残ったことで戦争孤児となったのだろうか。

「集団自決」で孤児となった子ども

米軍が慶良間《けらま》諸島に上陸した二日後の一九四五年三月二八日、渡嘉敷《とかしき》島の北山《ニシヤマ》に避難していた住民の、強制された「集団自決」（強制集団死）が始まった。すでに村役場の男子職員や青年らは軍の兵器軍曹から手榴弾を持たされており、村長指揮のもと一ヵ所に集められた住民は、一個ずつ手渡された手榴弾の周りに家族・親族が一〇人、二〇人とむらがり合図があるというわけでもなく手榴弾の炸裂音とともに悲鳴があちらこちらであがったという（金城、一九九五、五三～五六頁）。

家族同士で、あるいは住民同士で殺し合うという背景には、皇民化教育で刷り込まれた「国体（天皇制）護持」があった。さらに米軍上陸前の緊迫感のなか、駐留していた日本軍から「軍官民共生共死《ぐんかんみんきょうせいきょうし》」へと導かれる「虜囚《りょしゅう》辱《はずかし》めを受けず、死して罪過《ざいか》の汚名を残すこと勿《なか》れ」という『戦陣訓』を叩き込まれていた住民は、死を選ぶ以外、選択肢はなかったのである。「集団自決」（強制集団死）は、日本軍による暗黙の強制された住民同士の殺し合いだった。

当事者のひとり、金城重明《きんじょうしげあき》さん（当時一六歳）は、手榴弾が炸裂した後の様子を次のように述べる（金城、一九九五、五三～五六頁）。

> 手榴弾による死傷者は少数にとどまったのです。（略）突然、（略）一人の中年の男性が、一本の小木をへし折っているのです。（略）彼は、自分の愛する妻子を狂ったように殴殺し始めました。（略）以心伝心で、私ども住民は、愛する肉親に手をかけていきました。（略）母親に手をかした時、私は悲痛のあまり号泣しました。私

たちは「生き残る」ことが恐ろしかったのです。わが家は両親弟妹の四人が命を絶ちました。私はその時、一六歳と一カ月で、多感な少年でした。（略）こうして三一五名の村民が残酷な死を遂げました。安波連《あはれん》（字）の人口の三分の二が失われました。

重明さんは「残された兄と私が最期を遂げるべく、死の順番を話し合っているところへ、一人の少年が駆け込んでき」て、米軍に斬り込んで死のうと誘われ、斬り込むことなく米軍に捕まり生きのびた。

さまよう戦争孤児

いったいどれぐらいの孤児が、戦争を終えてさまよっていたのだろうか。戦争孤児の総数が不確定なのは、さまよっていた孤児の人数が把握できないことによる。

白梅看護学徒隊（首里《しゅり》高等女学校）として戦闘に参加した徳元文子《とくもとふみこ》さん（当時一六歳）も戦争孤児の一人である。文子さんは、戦後の暮らしで「五つ六つ、七つ八つの子ども等で、塵の山をあさって食物をさがしたり、人の家の床下などにもぐり込んだり、行くところもなくさまよい歩いている孤児も大勢見ました」（琉球政府、一九七一、九九七頁）と、自らの状況には触れず孤児となった不びんな子どもを見て憂える心境を述べている。

また、当時一四歳だった大城藤六《おおしろとうろく》さんは、故郷の真壁《まかべ》村字真栄平《まえひら》で「昭和二十（一九四五）年の沖縄戦当時の状況」と題して戦災調査を行っていた（琉球政府、一九七一、一〇五六頁）。

1　人口　約九〇〇名　直後の生存者　三四九名

2　全戸数　一八七戸

3　戦争による変動

全家族元気　三一戸

全家族戦争犠牲（一家全滅）　五八戸

一人生存　二三戸
両親なし　二一戸（生存の子を中心にして）
父なし　五一戸（　同　）

両親なしは、孤児となった世帯数であろう。全戸数一八七戸は「3 戦争による変動」の戸数を合算すると一八四戸で一致しないが、それでも全戸数一八七戸に対して二一戸は一一・二%にあたる。いったい字真栄平では、何名の子どもが戦争孤児となったのだろうか。そのうち何名の子どもが親戚に引き取られ、何名の子どもが孤児院に入ったのだろうか。

二　民間人収容地区での暮らし——止まらない「死」——

二つの「死亡者台帳」から見る民間人収容地区

米軍は、一九四五年八月一五日時点で、沖縄本島内に一二ヵ所の民間人収容地区を設置した。もっとも大きかったのが現在名護《なご》市域の一部、旧羽地《はねじ》村域（一部を除く）を範囲とした田井等《たいら》民間人収容地区であり、多いときには約六万四五〇〇人（七月三一日現在）の避難民がいたという（名護市、二〇一六、三五六頁）。また、同じく名護市域の旧久《く》志《し》村域では字嘉陽《かよう》・安部《あぶ》・三原《みはら》・汀間《ていま》・瀬嵩《せだけ》・大浦《おおうら》・大川《おおかわ》・二見《ふたみ》・辺野古《へのこ》・久志が収容地区（総人数二万九八九九人・八月一日現在）となっている。さらに現在米軍基地キャンプ・シュワブも本部《もとぶ》半島にいた住民が強制的に収容された地であり、彼らはその場所を「大浦崎《おおうらざき》収容所」と呼んだ。

その収容地区の一つである字瀬嵩には「瀬嵩 墓地台帳」、その隣の字汀間には「汀間市 出生死亡台帳」が残る（両台帳ともコピー）。どちらも「死亡者台帳」である。

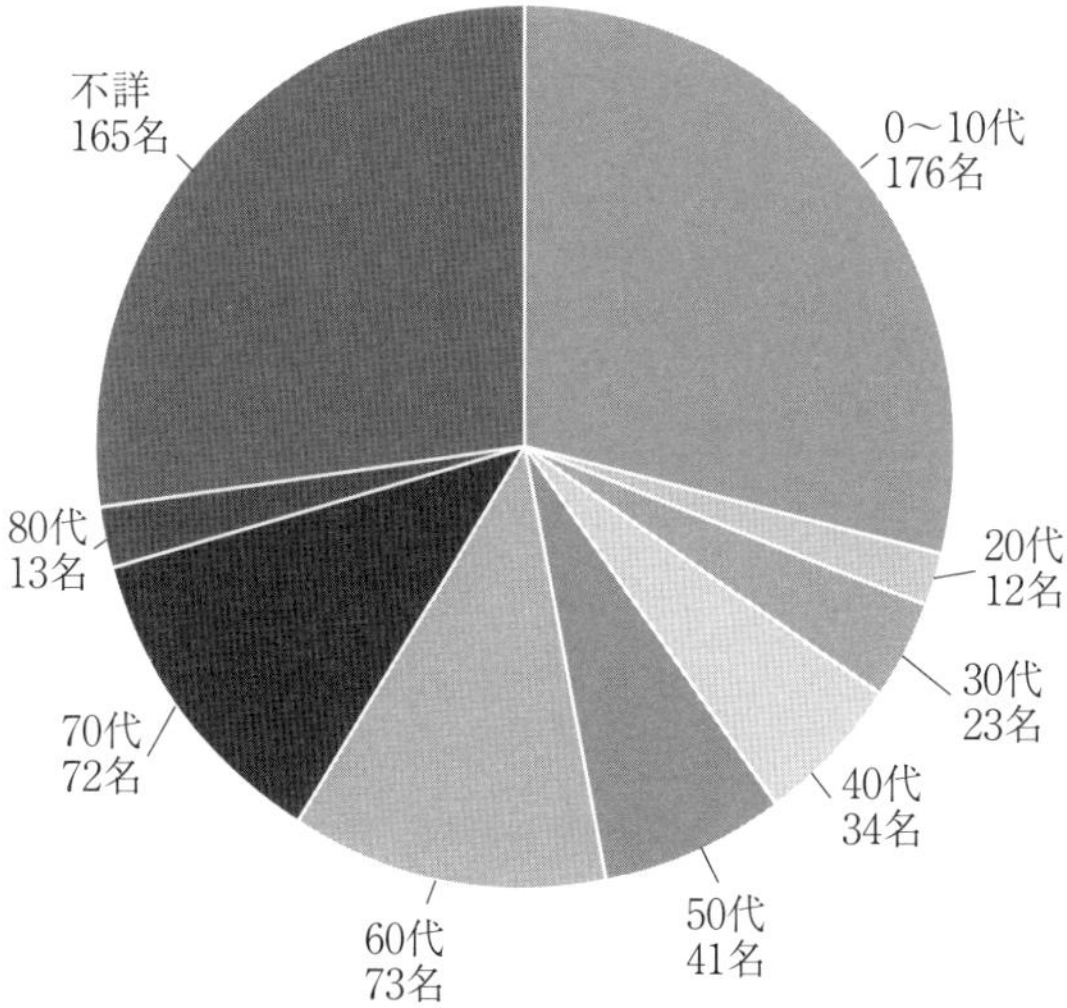

図3　瀬嵩墓地台帳年齢別図
（「瀬嵩墓地台帳」年齢別死亡者数　総数609名の内訳）
0～10代176名の内訳は，0～9歳146名，10歳～19歳30名となっている．

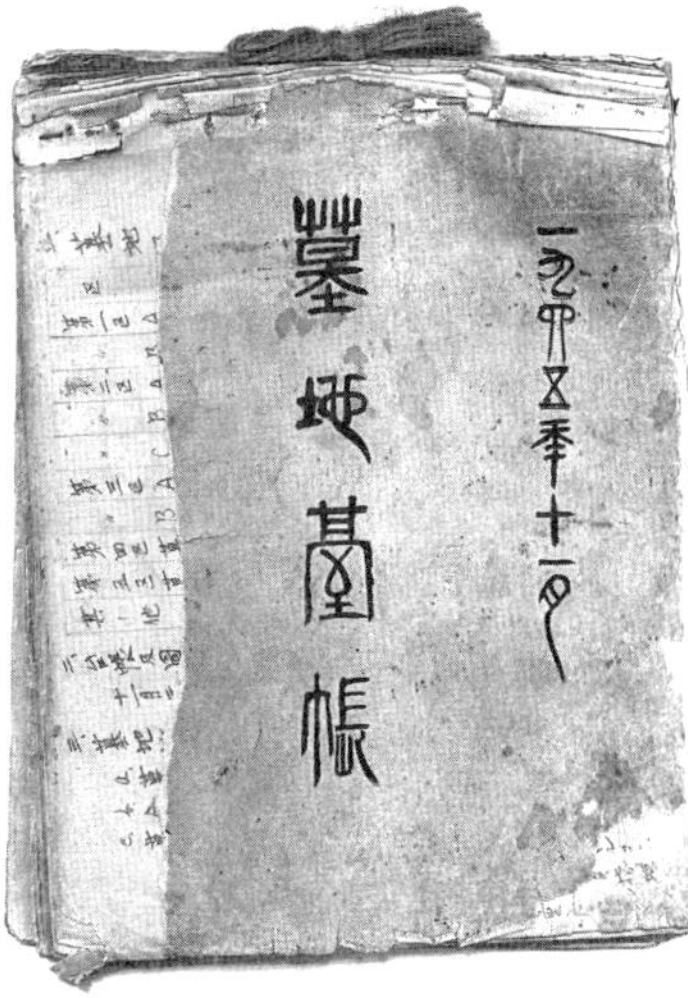

図2　瀬嵩墓地台帳には609人の名前が刻まれている（名護市教育委員会提供）

字瀬嵩の現在（二〇一九年）の人口は二五〇人前後、敗戦間際の八月一日、瀬嵩では六六六九名の避難民が暮らしていたという（名護市、二〇一六、五二〇頁）。

一九四五年一一月と記された「瀬嵩 墓地台帳」には、六〇九人の名前が記されている。記録期間は一九四五年五月～翌年二月までの一〇ヵ月間で、七月と八月だけで一八〇〇人の死亡者名が記されている。七月から大量の避難民が収容地区に送られており、その頃に死亡者がピークに達していたことがわかる。

瀬嵩住民の西平万喜《にしひらまんき》さん（当時二四歳）は「マラリアがピークを迎えていました。マラリアで毎日二～三人、多いときは四～五人、年寄りや子ども、弱い者から亡くなっていった。私もマラリアで子ども一人を亡くしています」と述べている（名護市、二〇一六、五二一頁）。

「瀬嵩 墓地台帳」を、不明者八三人を差し引いた年代別でみると死亡者五二六人中、一歳～九歳まで一四六人、一〇代は三〇人となっている。それに六〇歳以上一五八人を合わせると子どもと老人期の死亡者は三

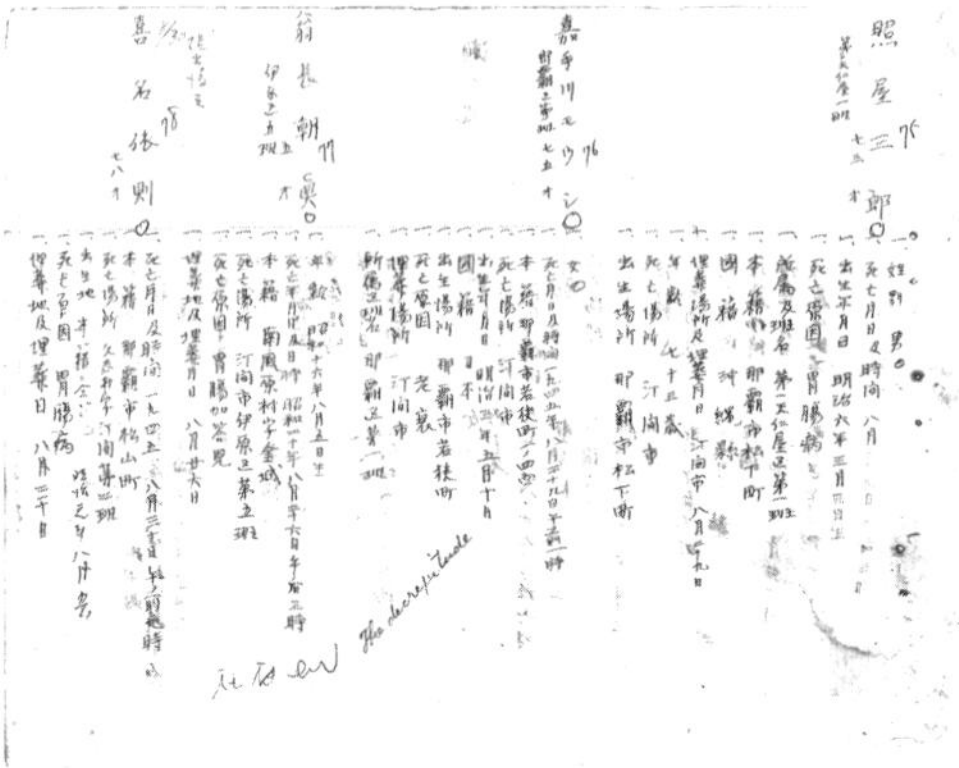

図4　汀間死亡台帳には病名も記されている（名護市教育委員会提供）

三四人となり、その割合は死亡者の約六三％にあたる。

もう一つの「汀間市 出生死亡者台帳」は、二人の「出生」しか記されておらず、「死亡者台帳」といっても過言ではない。この「死亡者台帳」は、七月二六日〜九月二九日までの約二ヵ月間で亡くなった二一四人の名前・年齢・病名・出身地が記されている。その中の年代、一歳から九歳まで五一人、一〇代八人、それに六〇歳以上九二人を合わせると死亡者は一五一人となる。年齢不明三人を差し引いた人数で割合を見ると汀間区でも死亡者の約七〇％以上が子どもと老齢期の避難民であった。多くは胃腸病（九一人）、マラリア（六一人）、熱病（二二人）であるが、曖昧な病名が多く、直接の死亡原因は不確定である。いずれにせよ戦争体験者の「毎日のように人々が亡くなった」という証言は、この死亡者数をみても明らかであり、米軍は住民を支配下におきながらも充分な保護政策をとっておらず、その責任は重い。そのような民間人収容地区のなかに孤児院は設置された。

一九四五年八月一五日の敗戦までに、米軍政府は沖縄本島内に一二ヵ所の民間人収容地区を設置、その中に一三ヵ所の孤児院を開設したことは、本シリーズ『第一巻　総論編』で述べた。なかでも北部の孤児院で暮らしていた子どもは中南部出身者が多かったと推測する。いくつか孤児院の様子を証言からみてみよう。

田井等孤児院

『第一巻　総論編』「沖縄の戦争孤児」で浅井春夫の「戦後直の孤児院一覧表」を紹介した。そのなかには「うるま（ウルマ）新報」「身寄を求む」欄に記された田井等孤児院の収容人数は一九四五年一一月六九名、一九四六年四月七五名、同年三三名、職員数は養老院兼務で二五名となっている。田井等収容地区は、一九四五年四月九日頃指定されていることから、孤児院も早くから開設していたと考えられる。

田井等収容地区で、父が孤児院の院長だった仲井間憲児《なかいまけんじ》さん（当時一一歳）は「私の父は、学校の教員だったということで、アメリカ海軍のほうから孤児院の世話を見るようにと、孤児院を任されました」「母屋は縁側まで子どもであふれていた。シラミだらけの子は、駆除が済むまで家畜小屋で寝かされた」「五〇人を超える子どもたちに世話係は一〇人ほど。ほとんどが朝鮮半島出身の女性だった」と語った（沖縄県立芸術大学全学教育センター主催「研究者〈当時一〇代〉による太平洋戦争体験談」二〇一一年一一月三〇日の講演にて）。そして憲児さんは忘れられない二人の子どもの様子を述べた。

亡くなった一人は一三歳になる女の子でした。「一三祝いシトゥラサヤー（一三歳のお祝いをしてあげようね）」と言われながら、悪性マラリアに罹ってしまい、女の子は助かりませんでした。踊りが上手な子でした。子供たちばかりですので、演芸会でもやって元気をださせようと父は思ったのでしょう。演芸会を一度やったことがあります。そしてその子がムンジュルを踊っていました。

今一人は、三、四歳くらいの女の子で米兵が山から連れてきたのですが、この子も間もなくマラリアにやられました。連れてこられたときにはお腹がポコッとふくれて、手足がお箸みたいにやせ細って。孤児院は特別にいろんな配給があって、食べ

図5 田井等孤児院（1945年6月29日，沖縄県公文書館所蔵）

物は比較的豊かでしたが、この子は消化する力がない。とうとう二日目に死んでしまいました。段ボールを二つもらってきて、それを二重にして、その中に女の子をぼろでまいて、花輪とか千羽鶴などの折り紙やらを詰めて納めました。これを抱いて一キロぐらい孤児院から当時の羽地村の役場があった近くの社《もり》の中に埋めに行ったのです。人間が死んだらとにかく臭い。しかも、鼻や口や、開いているところからウジ虫が出てくる。紙でその穴を封じ込め、そのダンボールを持って一キロほど歩くのだが、とにかく臭かった。その墓場に行くと、青年団がすでにいくつも穴を掘っており「どこでもいいから入れろ」といっていた。一日に五、六人死ぬから……。名前もわからないから「田井等で死亡」と書いて埋めた。

本部《もとぶ》町出身の座波律子《ざはりつこ》さん（当時一三歳）は、母を軍病院で亡くし、妹と二人で孤児院で過ごしていた。律子さんは「孤児院には六〇から七〇人くらいの子どもたちがいて、『おばさん』と呼んでいた世話する係の人が一〇人くらい、そして院長の仲井間憲孝先生の家族がいました」「『おばさん』は韓国の方が多かった」「みんな『慰安婦』だったと思います」と振り返る。そして六月下旬以降に「連れてこられた子どもはほとんどダメでした。赤ちゃんや小さい子、痩せている子、重態で連れてこられた子、自分の名前もわからない子どもたちがたくさんいました」と、子どもが生死をさまよっていた様子を語った（名護市、二〇一六、四一五～四一八頁）。

同じく国吉守《くによしまもる》さん（当時一〇歳か）は、衰弱した母ときょうだいの一人は病院へ連れていかれ、国吉さんときょうだい二人で田井等孤児院に入っていたという。守さんは「毎日食事で体力も回復。元気になると馬に乗り、歌を歌い、楽しく過ごした」「母が栄養失調でつらい思いもしたが、孤児院では『守られている』と実感できた」と述べている（「沖縄タイムス」二〇一一年六月二三日）。

国吉さんのように「楽しかった思い出」を語る人もおり、田井等孤児院では綱引きなど、運動会のような企画も催されたという。だが、傍らで亡くなっていく子どもも多かったことも事実である。

田井等収容地区から避難民の帰村が許され（一九四五年一〇月末ごろ）、もともと住んでいた田井等区住民の暮らしが落ち着きを見せ始めた一九四八年八月一三日付の「うるま新報」に、「嬉し、各孤児院　野球、バレー対抗試合」という見出しで次のように記されている。

医□□社会事業家では沖縄体協講演で八月十二日午前十時から首里孤児院に於て、首里、百名《ひゃくな》、コザ、田井等各孤児院児童の遠足を兼ねて野球、バレーの各員対抗試合を初□（略）田井等は首里孤児院に二泊して十三日□□の予定であるが各院児童は今から指折り数えて□日を待ちかねている。（□は解読できず）

子どもの笑顔が垣間見える記事は、ほほえましく読むことができる。

コザ孤児院

『第一巻　総論編』で、コザ孤児院の様子にふれたが、もう少し証言をもとにみてみたい。

元ひめゆり学徒隊の津波古《つはこ》ヒサさん（当時一七歳）を含め、九人の元学徒隊が世話係となっていた。津波古さんらは栄養失調で食事をまともに摂ることができない子どもに食事を与えるが、翌朝、子どもは身体中が便でまみれた状態で、毎日の朝が恐怖だった、という。そして「毎日たくさんの人が自分の子どもを探しに来た」と振り返る（ひめゆり平和祈念資料館、二〇一〇、一〇頁）。

上運天《かみうんてん》賢篤さん（当時八歳）は、コザ孤児院に二ヵ月ほど暮らしたころ、新聞広告を見た祖父の妹の夫が捜しにやって来たという。賢篤さんは、「うれしかった」「懸命に家の仕手伝いをした。役に立ちたくて、水くみに薪取り、遊ぶ間もなく働いた」と述べている（「沖縄タイムス」二〇一一年六月一九日）。

沖縄タイムス紙（二〇〇五年九月一九日付）に「写真の孤児『私です』」という見出しで喜屋武《きやん》英子さん（当時六歳）が紹介されている。那覇市敷名《しきな》出身の英子さんは、家族で分散して避難したが、米軍に捕まると一緒にいた祖父と引き離され、嘉間良《かまら》の孤児院（コザ孤児院のこと）へ連れてこられたという。父母を含む六人の姉妹は亡くなっていた。

図6　コザ孤児院　名乗り出る喜屋武英子さん
（沖縄タイムス紙，2005年9月19日，沖縄タイムス社提供）

英子さんは「頭にはシラミがわき、けがをした体からはウジがわいていた。牛乳が配られたが、栄養失調状態で下痢を起こし、子どもたちは次々と亡くなっていった。『二カ月飲まず食わずで、服も着たきりでぼろぼろ。ぼんやりしてなすがまま。感情もない状態で、死のうとしているような気持ちだった』」と振り返る。英子さんはその後、石川の孤児院にいた姉と一緒に叔母の伊佐《いさ》ツルさんに引き取られた。

絵本『つるちゃん』（一九九七年）のモデルで戦争孤児となった金城ツル子さん（当時九歳）は、宜野座村の野戦病院で看護婦だった元慰安婦の女性に引き取られ、約五ヵ月間、一緒に暮らしていた。（一九四五年）八月か九月頃、ツル子さんは宜野座からコザへ移るが、しばらくすると引き取った女性は韓国へ帰ることになり、ツル子さんを連れ、嘉間良孤児院（＝コザ孤児院）を訪ねたという。だが、女性は「慰安婦」だったことを孤児院の子どもたちにからかわれたことで、ツル子さんは「いたたまれない様子で、私を連れテントへもどった」と述べている。その後、ツル子さんは偶然に再会した親戚に引き取られた（『沖縄タイムス』二〇〇五年八月四日）。

家族を目の前で亡くし、ひとりで沖縄本島南部をさまよっていた神谷洋子《かみやようこ》さん（当時七歳）も、米軍に保護されコザ孤児院に入った。孤児院では男の子に乱暴されっぱなしで衰弱していたところを若い女性が抱きかかえ軍医のもとへ連れてってくれたことで助かったという（沖縄市史編集室主催「戦後史を記録する会」二〇一七年一月二一日の講演にて）。

コザ孤児院では、楽しかった様子も聞くことができる一方で、子どもの荒れ果てた様子もかいまみえ、院内ではいじめに遭う子どももいたのである。

久志孤児院・汀間孤児院

前述した「戦後直の孤児院一覧表」（浅井春夫作成）では久志孤児院には「一九四六年一月 四六名」となっている。開設期間が短かったのだろうか、久志孤児院の情報は少ない。一九四六年四月一七日付けの「ウルマ（うるま）新報」に、「孤児の表彰」という見出しで、「久志区に開設された孤児院々長渡嘉敷マヅル氏は寝食を忘れて孤児の看護に当り其献身的な行為は沖縄婦人の師表として久志村南部婦人会より表彰された」と記されている。南部婦人会とは、久志収容地区に連れて来られた南部出身者で結成した婦人会であろう。また、豊見城村出身の大見謝《おおみじゃ》英子さん（一九三一年生）は「北部地域の現宜野座村古知屋《ぎのざそんこちゃ》に収容され」「弟は久志の孤児院に預けられていたことがわかり、弟を引き取り久志で過ごした」（豊見城村、二〇〇一、七六八〜七七六頁）と述べている。

安里《あさと》ハルさん（二〇一五年時点で九三歳）は、知念村馬天港《ちねんそんばてん》からＬＳＴ（強襲揚陸艦）に乗せられ、旧久志村汀間に落ち着いた。ハルさんは汀間の孤児院の炊事班として働いたという。約一〇〇人の子どもは親のいないつらさと栄養失調で苦しんでおり、配給されたコメやトウモロコシの粉を調理した」「戦争中に比べれば食糧は豊富だった」（「沖縄タイムス」二〇一五年一月二四日）。汀間孤児院についてはいつの時期まで開設されていたか、となりの集落にあった瀬嵩孤児院とはどのような関係があったのか等々不明なままである。

他にも大湾《おおわん》近常さん「私は金武《きん》の孤児院にいた」（平井、二〇一五、一八〜二三頁）、などの証言をみることができるが一次資料は少なく、証言も点でしか捉えることができず、引き続き調査が必要である。

三　戦争孤児の戦後――負から負へ――

孤児院に入らなかった子ども

戦争孤児となった子どもの多くは孤児院に入っていないと考えられる。

父が東南アジアの戦地で亡くなり、敗戦翌年に屋我地《やがじ》島近海で母の乗った船が転覆、孤児となった外間ヒサ子さん（当時六歳）と宮城道代《みやぎみちよ》さん（当時四歳）も親戚を転々としていた。戦後すぐに母を失った姉妹は、伯父の家に預けられ、いつしか伯父伯母を父と母と呼ぶようになった。だが、生活は貧しく、姉妹は、それぞれ親戚の家を転々と預けられ、家事や畑の手伝いをしながら暮らし、ヒサ子さん、道代さんは同じ屋根の下で、一時期を除いては一緒に過ごすことはなかったという。

ヒサ子さんは小学校四、五年生のとき、所用を言い渡され渡し船で沖縄本島へ渡るも、女の子の徒歩は遅く、帰りの渡し船の時間に間に合わず、真っ暗で墓地が群がる奥武島《おうじま》に一人取り残されたときがあったという。ヒサ子さんは「あのときは本当に怖かったし悔しかった」と振り返った。ヒサ子さんは「同級生がうらやましくて何度死のうと思ったか……」と中学校時代の心境を語ってくれた。

妹の道代さんは、那覇市の高校へ通うことになり、四畳半に従姉弟二人と三人で暮らすようになった。「朝起きても食べ物もなく三八キロまで痩せてしまった」と振り返る（筆者聞き取り、二〇一七）。

南部に住む平仲千代子《ひらなかちよこ》さん（当時一二歳）は、父を防衛隊で亡くし、母を北部の字嘉陽収容地区で亡くした。五人兄妹となった千代子さんは、やっと郷里へもどると、当時一八歳の兄が働きにでかけ、千代子さんが家事をこなし、次男（当時一〇歳）、三男（当時七歳）そして一歳半の妹の五人で暮らし始めた。自宅の周辺には親戚はいたが一緒に暮らすことはなかった。千代子さんは「大変だったことは、覚えているが、三度の食事を作ったのだろうか」と述べ、「死ぬことは考えなかった。妹、弟を食べさせないといけないから」と述べた。ただ、悔やむように「だけど学校だけはでたかった」と筆者に話してくれた（筆者聞き取り、二〇一七）。

豊見城市在住の外間亀吉さん（当時八歳）は、祖母と両親、長姉を亡くしたことで、兄（当時一二歳）と姉（当時一四歳）の三人で、北部の字大浦収容地区で一年近く暮らしたという。カバヤー（幕舎）で何家族かで一緒に暮らし、毎日のように三人で食糧を求め、海岸沿いを歩き、わずかに支給されたお米でお粥を炊いた。やっと故郷へもどると三人は別れ、外間さんは親戚の庭先に建てられたカバヤーで一人で暮らした。食べ物は芋一個で一日を過ごす場合もあったという。その後は製糖工場、馬の草刈り等々をこなした。中学校を卒業すると、新たに預けられたところで暴力を振るわれながら一八歳まで働き、やっと落ち着いたのが米軍基地雇用だった（筆者聞き取り、二〇一七）。

彼らは悔しい状況に陥っても「食べさせてもらった。寝泊まりをさせてもらった」と、常に「負い目」を持ちながら暮らしている。彼らの多くは、戦後の暮らしについては口が重く、話したがらない。

終わらない戦争

「集団自決」（強制集団死）を体験した母親をもつ宮城晴美《みやぎはるみ》は、座間味島《ざまみ》で起こった「集団自決」体験者であるAさんを説得して、証言を依頼したという。その後、Aさんは「遺体収容の時の母や弟妹、祖母の姿がよみがえり、睡眠不足から寝込む日が続いた」「一時期は、私の顔を見ただけでも戦争中のことを思い出すと言われたほど、四〇年間封じ込めていた記憶のフラッシュバックは、彼女を苦しめ続けた」と述べている（沖縄戦・精神保健研究会、二〇一七、一五八頁）。トラウマとはＰＴＳＤ（Post Traumatic Stress Disorder　心的外傷後ストレス障害）とも呼ばれ、外的もしくは内的要因で肉体、また精神的な衝撃（暴力や性被害など）を受けたことで、不快で苦痛な記憶が突然のように襲ってくる症状をさす。

彼らは戦争トラウマを、さらに上乗せする戦争戦後トラウマ症状に煩わされながら生きていたのである。「沖縄タイムス」（一九七一年二月一三日付）のコラム「季節風」に次のことが記されている。

本土で働きながら夜間中学校に学んでいる沖縄出身学生が、戦争で、生き別れとなり行方がわからない妹さんを捜している。喜屋武《きやん》久明（二九）＝荒川区第九中学校二年＝で、出身地西原村桃原《とうばる》四一番地、両親を戦争で失い、当時四歳で戦災孤児として放り出された。そのとき二歳の妹ユキ子さんと宜野湾野嵩《のだけ》付近ではぐれた。喜屋武さんは、昭和四十一年、二十五歳で、職安を通じ和歌山県に集団就職で本土に渡るまで、沖縄で妹の行方を捜し出すことができなかった。

昨年四月、働きながら学ぼうと上京、荒川区第九中の夜間部二年に編入、常に妹のことが忘れられず「どこかで生きているのでは……」と担任の河原先生を通じたずねてほしいと依頼してきた。

彼らにとって、沖縄戦は終わっていない。

参考資料

浅井春夫『沖縄戦と孤児院』吉川弘文館、二〇一六年
蟻塚亮二『沖縄戦と心の傷—トラウマ診療の現場から—』大月書店、二〇一四年
沖縄県教育委員庁文化財課史料編集班『沖縄県史 第六巻 沖縄戦』沖縄県教育委員会、二〇一七年
沖縄戦・精神保健研究会編『沖縄からの証言　戦争とこころ』沖縄タイムス社、二〇一七年
「沖縄タイムス紙」（一九七一年二月一三日付・二〇〇五年八月四日付・二〇〇五年九月一九日付・二〇一一年六月一九日・二〇一一年六月二三日付）
金城重明『「集団自決」を心に刻んで』高文研、一九九五年
公益財団法人沖縄県女師・一高女ひめゆり平和祈念在団立 ひめゆり平和祈念資料館『資料館だより 第46号』二〇一〇年

名護市『本編・3　名護・やんばるの沖縄戦』二〇一六年
西原村『村制十周年記念　村勢要覧　西原村　一九五六年』西原町立図書館所蔵
西原町史編纂委員会『西原町史　第三巻資料編二　西原の戦時記録』西原町役場、一九八七年
豊見城村役所『豊見城村史 第6巻「戦争編」』二〇〇一年
平井美津子『③沖縄の戦場孤児―鉄の雨を生きぬいて』汐文社、二〇一五年
「琉球新報」紙（二〇一七年八月二二日付）
琉球政府『沖縄県史 第9巻 各論編8 沖縄戦記録1』一九七一年
読谷村史編集委員会『読谷村史 第五巻資料編4 戦時記録 下巻』読谷村役場、二〇〇四年

第六章　名古屋空襲で孤児になって

荒川義治（本庄豊 解説）

はじめに

本章を執筆した荒川義治さんは、引退牧師である。同志社大学神学部を卒業するなど、私が取材してきた戦争孤児体験者のなかでは高学歴の方だ。反社会的な道を歩んだ孤児、栄養失調などで落命した孤児、中学卒で就職した孤児たちに比べ、良い意味で特殊な存在かもしれない。一般の子どもたちの多くは、尋常小学校卒で働いていた時代だった。

第Ⅱ部第二章を執筆した島本幸昭さんも高等教育を受けており、荒川さん同様、書く力があったことで、晩年といわれる年齢になって貴重な証言を本書に寄せてくれたことになる。証言を残さなかった戦争孤児たち、あるいは亡くなってしまった孤児たちの体験や思いをどう記録していくかは私たちに残された大きな課題である。

荒川さんを私に紹介してくれたのは、プロテスタント系社会福祉法人大阪《おおさか》水上《すいじょう》隣《りん》保《ぽ》館《かん》（大阪府島本町）理事の延原正海さんである。延原さんは、私が研究している山本宣治（治安維持法に反対して暗殺された代議士）がクリスチャンだったということから、私の講演を何度か聞いていたという。荒川さんが水上隣保館出身者という縁もあり、私に引き合わせていただいた。鳥取県八頭郡のケアハウスに住む荒川さんを訪ね、お話を伺った。

本章は荒川さんの冊子『強情な子—戦争孤児の自分史—』（一五〇部印刷）の抜粋である。『強情な子』は一八万五〇〇〇文字以上もあり、ここでは戦争孤児としての生活（名古屋空襲、大阪の親戚の家時代、大阪駅での浮浪児時代、水上隣保館入所）の部分を紹介する。いずれ一冊の書籍として出版してほしいと願っている。

名古屋で空襲にあい、大阪の親戚の家に預けられた荒川少年は、いたたまれなくなり家出、梅田駅で暮らすようになった。普通に暮らしていた少年がどうして孤児になるのか、どんな生活をしていたのかを荒川さんの文章から知っていただければと思う。なお、本章の「はじめに」「おわりに」は本庄が執筆した。

一　名古屋大空襲

そのとき、ぼくは港区辰巳《たつみ》町に住んでいた。それまでは瑞穂《みずほ》区堀田《ほりた》で母と弟、妹の四人で住んでいたのだが、母が死んでしまったので親戚の者が集まって、三人の遺児たちをどうするかが話し合われ、弟と妹は野田家と宇野家へそれぞれ養子に出すが、「義治は跡取りだから他家に養子に出すことはできない」ということで、中国大陸で従軍している父が帰ることを期待して、それまで荒川家で与かりとなった。父の兄弟は男が四人いたが長兄と次兄が召集を免れていたので、この二人の伯父が交代でぼくを与かることになった。四人兄弟の三男も召集されていたがまだ独身であった。父は四男であったがすでに三人の子持ちとなっていた。母は父が戻るまで、

図1　荒川義治さん（本庄豊撮影）

子供たちを懸命に養育しようとし、親戚の援助も精一杯受けたのだが、ついに力尽きて死んだ。

時計屋の伯父

辰巳町の伯父を身内の者は「時計屋の伯父」と呼んでいた。時計屋といえば、時計・メガネ・宝石を扱う店を構えているのが普通だが、伯父の場合は、時計の部品と工具の入ったカバンと見本になる時計数個を持って、名古屋港に入る船に出かけて行き、船員や乗船している客の時計を修理することを生業としていた。その当時、時計を持っている人は特別な人・今でいうエリート以外には滅多にいるものではなかった。

「時計屋の伯父」の家には子供がすでに五人いた。親子七人でも食うや食わずの生活であったのに、もう一人ぼくが加わったことで家計はいっそう苦しくなった。外国の船が港に入っていた時分は「時計屋の伯父」のはぶりも結構なものだったが、それを望むべくもない戦時中は仕事がないも同然の日々が続いていた。今日も仕事がなかったことがありありと分かるときには、ぼくの中で居候の悲哀がいっそう深まった。伯父や伯母、いとこたちは決して冷たく当ったりはしなかったのだが、「ここにいてはいけないのだ」という思いが小さなぼくの胸を締め付けた。

焼夷弾に装着されているリボンに火

家そのものも八人が住むには小さなものだったが、二階に洗濯干し台があって、暑い夏の夜は格好の涼み場所となっていた。ある夜のこと、まだ夕涼みが必要な時期でもなかったが、ぼくはこの洗濯干し台から異様な光景を見た。もちろん、たとえ夏祭りでも花火などご法度の時代だったが、辰巳町から北の方角に花火が打ち上げられているような光景を見て、わが目を疑った。すでに空襲警報が発令されており、上空にはＢ29爆撃機が編隊で襲来していた。わが目を疑う光景を見たのは何月何日のことだったたか、記憶は定かでない。

Ｂ29の大きさが実際にどれ位のものかを知らないので、高度がどれ位であるのかも想像はつかないのだが、飛来した爆撃機は目標を確かめるためにまず照明弾を投下した。この照明弾はかなり大きな範囲であたり一面を真昼のように明るく照らし出し、後続機はこの照明の中で目標を定め、集中的に空爆を行った。その照明がB29にも反射して、胴体の腹が開くのが目視でき、そこから一〇発ほどの爆弾が投下されるのであった。投下されるとその一つの爆弾から三〇～四〇発の焼夷弾が飛び出し、それぞれの焼夷弾に装着されているリボンに火が付き、まるで火の雨が降るような光景であった。したがって、B29一機が投下する焼夷弾は三〇〇発から四〇〇発にものぼり、三月一一日に飛来したB29が二八八機であったとするなら、この日に投下された焼夷弾は一万発を優に超えたことになる。投下された照明弾の灯りは昼白色だったが、焼夷弾が炸裂した後は赤い炎が黒煙に反射して、まるで夕焼け空を見るようだった。この遠望すれば美しい夕焼け空のように見える空の下では、五一九人の死者が出たうえ、二万五七三九戸が罹災するという痛ましい惨事が起こっていたのである。

この美しくも痛ましい光景が三ヵ月後に我が身に降りかかろうとは、ぼくは夢にも思っていなかった。

「名古屋空襲誌」

六月九日土曜日、この日は良く晴れた日だったと記憶している。午前八時過ぎに警戒警報に引き続いて、空襲警報が発令された。一時間ほどで何事もなく警報は解除された。そのために、一時は防空壕に避難していた人々はそれぞれ仕事に戻り、ある者は家路についた。小一時間も経たないうちに、今度は警戒警報なしに空襲警報が発令された。そのために人々は慌てふためき、パニックに陥った。この日二度目の空襲警報が発令されたときには、すでにB29が頭上に飛来していたのである。東海海軍管区の警報ミスはどのようにして起こり、どのような惨事を生むことになったかが「太平洋戦争全記録」に記されている。

九日、名古屋の東海軍管区は午前八時過ぎに空襲警報を出したが、B29の編隊は琵琶湖上空で南西に方向を変えたので、阪神地区に向かったとみて、いったん警報を解除した。その直後の九時半ごろ、四十三機のB29がかなりの低空で名古屋上空に侵入してきた。B29は初期の段階では、一万メートル前後の超高空からの爆撃が多かった。しかし、これでは命中精度が上がらないので、徐々に高度を下げるようになる。米第二十航空軍の作戦記録では、この日は高度一万九千フィート（約五千八百メートル）で爆弾投下とある。しかし、「弾倉がぽっかり口を開けて爆弾が降ってくるのが見えた」という目撃者談が残っているから、日本軍の反撃なしとみて、二千メートル以下まで思い切って高度を下げたのだろう。一トン爆弾を含む二百七十八トンの大型爆弾が狭い地域の三つの工場に集中し、空襲警報が解除されて就業中だった二万余人のうち、死者は愛知時計の九百二十八人を筆頭に、一部周辺住民も含め二千六十八人に達した。痛ましいことに、その大半が徴用工と動員学徒だった。「五体満足な遺体はほとんどなく、目を覆うばかりの惨状」と「名古屋空襲誌」は伝えている。

（産経新聞社、二〇〇一、一五六～一五七頁）

この記述の中に見られる「狭い地域の三つの工場」というのは、愛知時計電機と愛知航空機機体第四工作所、それに住友金属を指している。ぼくの住んでいた辰巳町はこの三つの工場のほぼ中ほどにあり、前者の二工場は北の方角、わずかに東寄りに位置し、後者は南側わずかに東寄りに位置し、それぞれ約一キロ余りの同心円の半径内にあった。

この日のB29による空爆は時間的にはわずかに一〇分ほどの電撃的な爆撃であったが、名古屋市が受けた一七回の主な空襲の中で、二番目に少ない襲来機数・四三機で、最大の死者・二〇六八人を出したのは空襲警報が解除されたため忠実に職場に戻ったところを急襲されたためであり、罹災戸数が三月一一日～一二日の爆撃では二万五〇〇〇戸以上、三月一九日の爆撃では三万九〇〇〇戸以上に上ったことに比べれば、わずかに一八四三戸に止まったのは、この日の爆撃が重要工業施設を集中して爆撃する「精密爆撃」だったからである。そのために三つの工場からは一キロ余りしか離れていなかった辰巳町は罹災を免れることができたのであった。もしこの日の空爆が三月一一日あるいは一九日のように工場といわず、住宅といわず焼夷弾で焼き払う無差別爆撃であったなら、ぼくは生き延びることはできなかったに違いない。

通りに面した防空壕は満員に

六月九日警戒警報なしで発令された空襲警報の結果、主に三つの軍需工場で二〇〇〇余人の死者を出す悲惨な結果を生んだが、あわてた人々が引き起こしたパニックの一つに防空壕への避難があった。この町内の人間はどこの防空壕に避難するかが約束事としておおむね定められていたが、警戒警報なしの空襲警報が定められた防空壕に走り込むことを不可能にしてしまった。困ったときはお互い様だ。あんたはこの防空壕ではないでしょうといって追い出すことはできないのが人情というものである。そのために通りに面した防空壕は満員になっていた。ぼくは初めの空襲警報で一旦は定められた防空壕に避難したが、解除になったので家に戻っていた。再び空襲警報が発令されたとき、ぼくはヤケを起こしたわけではなかったが、もうどうにでもなれと開き直って、濡れ縁に座っていた。

Ｂ29を援護する戦闘機が轟音を起てて、風防ガラスの窓から、人影が見えるほどの低い高度で飛んでいて、動くものは何でも手当たり次第にバリバリと機銃掃射するのをボンヤリと見ていた。ぼくは怖いとも思わなかった。ところが、住民の避難を確認するために巡回していた警防団員に見つかってしまって、無理やりに腕をつかまれ、防空壕めがけて引きずられて行った。しかし、その防空壕はすでに満杯で、大人なら入ることはできなかっただろうが、小さな子どもは押し込めば何とか入ることができた。警防団員はぼくを押し込むと、自分は入ることはできず防空壕の蓋を閉めた。防空壕の中は満員のひと息でムンムンとしているのに、重苦しい沈黙のために冷たく感じられた。早く空襲警報が解除されなければ防空壕内で爆発が起こりそうな緊張が漂っていた。爆音と戦闘機の轟音が静まり、やがて空襲警報が解除されて、外へ出てみると、ぼくを防空壕に押し込んだ警防団員が無残にも機銃掃射によって背後から数ヵ所銃弾を浴び、血みどろになってうつ伏せに横たわっていた。名も知らぬ、見知らぬ人がぼくの身代わりに死んだ！

工場内に隠匿されていた物資

この日の爆撃が「精密爆撃」だったので、辰巳町一帯の住宅は焼け落ちることは免れたが、水も電気も止まってしまった。そのため庶民の生活はいっそう厳しさを増した。中でも食料不足は日に日に深刻になった。「精密爆撃」の標的になった三つの軍需工場とその周辺の民家は火を消す者もなく焼け落ちるに任されていた。各家々には防火用水と町内には貯水槽も設置されていたが、「精密爆撃」にはまさに「焼け石に水」に過ぎなかった。消す人もなく一晩中燃えるに任された工場は燃え尽きて鎮火した。翌日焼け落ちた住友金属の様子を見に行った辰巳町の住民の何人かは「目を覆うばかりの惨状」をつぶさに見るとともに工場内に隠匿されていた物資を掠め取ってきた。誰が何をどれほど掠め取って来たかは知る由もないが、隠匿されていた砂糖が火災で溶けて、水飴のようになった物を持ちかえった人が、ぼくにも「ひと指」舐めさせてくれたが、砂糖など配給でも貰うことができなかったうえに、長い間甘いものを口にしたことがなかったぼくには、煙のにおいがするその味は忘れ難いものとなった。その味を占めた人々は久しぶりに獲物にありついた獣のように、ひそかに我も我もと工場に向かったが、すでに憲兵が現場を押さえていて、目的を果たすことはできなかった。ぼくも「ひと指」の甘さに誘い出されて、あわよくば獲物にありつこうと浅ましくも住友金属へと足を向けた。そして、来るのではなかったという後悔が湧いたが、時すでにおそし、見てはならないもの、見るべきでない光景を見てしまったのである。工場に張り巡らされていた金網のフェンスはところどころ残ってはいるものの、どこからでも工場内に侵入できる状態だった。

地上の火災のため蒸し焼きに

工場内の広い敷地内には、あちらこちらに従業員が避難する地下の防空壕が掘られていたが、この防空壕に避難することができた人も、地上の火災のため蒸し焼きにされてしまっていた。工場内、敷地内を問わず至るところに「五体満足な遺体はなく」、黒こげになって、もはや氏名を判別することもできないだろうと思われる遺体が、まるで魚市場でセリにかけられる冷凍マグロのように転がっていた。中には転々と、中には折り重なるように黒こげになっている何百もの死体が目に焼き付けられ、目をつむると瞼にその光景が映し出されて、夜も眠れない日々が続いた。ぼくは二度と再び住友金属に行く気にはなれなかったし、実際行かなかった。何百もの遺体は、どのようにして片づけられたのか知らないが、人のうわさでは、地上の遺体は地下の防空壕で蒸し焼きにされた人々とともに埋められてしまったとか、夜中には亡霊が出るとささやかれるようになって、近所の人々はもはや誰も工場に近づかなくなった。この悲惨な光景を目の当たりにした者は誰でも、明日は我が身かな、と思わずにはおれなかった。すでに一連の空爆によって、日本軍は完全に制海権も制空権も失っていることが誰の目にも明らかだった。六月九日の空爆までは「竹やりでも戦う」と息巻いていた町内の顔役も、この度ばかりは立ち直れないほどの衝撃を受け、敗戦を思い知らされたようだった。

八月一五日のラジオ特別放送

「時計屋の伯父」の家には真空管が三本入ったラジオがあって、近所の人たちが良く集まって、放送を聞いていた。八月一五日も特別放送があるというので、正午前には伯父の家は人で埋まり、入れない人は外で放送を聞こうとして集まった。雑音が多く、聞き取りにくい放送であったが、「終戦の詔勅」が告げられた。ラジオの前で嗚咽する人、声を噛みしめてすすり泣く人、中にはもはや立ち直れないほどの虚脱状態に陥る人がいる反面、やっと解放された喜びを言い表し、家族が手を取り合って生活の立て直しを誓う人などさまざまであった。

連合軍が進駐してくると婦女は暴行を受けるというデマが飛び交って、人々は息を殺した生活をする一方で、もはや警報と空爆の恐怖から解放された安堵感に浸るとともに、極度の緊張感を解かれて、何年ぶりかの夜の安眠をむさぼった。家を焼かれ、取るものも取り敢えず、命からがら逃げた人々が、焼け出されなかった親族を頼ってやってきた。人は皆空腹だったし、これからの生活の目途は何も立たなかったが、それでも降り注ぐ爆弾と焼夷弾の中を命からがら逃げのびることができた幸せを互いに噛みしめるのだった。

月が替わって九月になると、進駐軍が軍用車を連ねて市内を巡回し、主に治安の維持にあたっていた。婦女は暴行を受けるというデマは、全くのデマであったことを人々は知らされるとともに、日本軍兵士の姿格好には比べ物にならない連合軍兵士の洗練された風貌に人々は好感を持ち、親しみを感じた。それが敗戦国に最初に上陸する宣撫班《せんぶはん》の役割だったのだろう。

二 「大阪の伯父」の家と「ミモザ」

戦争が終わると、「大阪の伯父」は阪急梅田に「ミモザ」と名付けた喫茶店を開業した。にわか造りの小さな店だったが、時代を読む商売のセンスが的中して、繁盛した。庶民が食うや食わずの生活を強いられているときに、どのようにしてコーヒーや砂糖を手に入れることができたのか、いまだに不思議でならないが、変わり身の早い階層の人たちはタバコを燻らせながら、コーヒーの味と香りを楽しみ、また大阪人らしく商談に余念がなかった。ミモザの周辺には一杯飲み屋の屋台もたくさん立ち並んでいたが、そこで、ヤケ酒を飲みながら管《くだ》を巻く人と、喫茶店で商談に熱を込める人との対照的な人間模様が見られた。米を始め、ほとんどの主要生活物資は米穀通帳や切符によって、一人当たりの配給が統制されていたので、欠乏を補うために「やみ物資」の取引が横行し、また、これが儲け頭だった。ミモザで行われていた商談のほとんどは「やみ物資」の取引だったと記憶している。ミモザのような小さな店は他人を雇うことをできるだけ少なくしなければ儲けが出ないので、家族が店員となることで店の切り盛りがされた。ぼくが名古屋から大阪に住み替えることになったのも、二人の伯父が話し合って、日銭の入る大阪に行かせることで時計屋の伯父の負担を減らそうとしたのである。「大阪の伯父」にも五人の子どもがあったが、みんなで洗い場の手伝いをし、閉店後は店内の掃除も手伝った。

泥棒の疑いの目

このミモザである夜、事件が起こった。泥棒が入って店の売上金が盗まれたのである。どれくらいの金額が盗まれたのか知らないが、伯父の落胆ぶりからすると店の存亡に関わるのではないかと心配された。すぐ近くに曽根崎《そねざき》警察署があって、そこから刑事が警察官数人を伴って現場検証や事情聴取に来たので、その日は臨時休業となった。にわかづくりのバラック建てだった店には、どこからでも侵入しようとすれば簡単に入ることができたが、その日の現場検証では外部からの侵入の確証が得られなかった。家族のだれも口に出すことはなかったが、疑いの目がぼくに向けられていることを感じ取らずにおれなかった。それまでは「義治も良く働く」と褒められていたのに、みんなの口が、急に堅くなった。この事件が起こった日から、ぼくの毎日は「針のむしろ」となった。疑いの目がぼくに向けられていると感じるのも、みんなの口が堅くなったと思うのも、ぼくの思い込みによるものだったのだが、その思い込みがぼく自身の心に重くのしかかって、夜も眠れず、毎日空きっ腹であったのに食欲もなくなり、そうすると「やっぱり」と疑いがますます深まっていくようで、苦しまぎれに、何とかして「針のむしろ」から一日も早く逃げ出さなければ……、逃げ出したいと毎日その機会をうかがうようになった。しかし、今逃げ出したなら、「やっぱり」が本当であったことを証明するようなものだということに気付いて、踏み止まった。ぼくに疑いの目が向けられたと感じたのは、ぼくが名古屋で直感したように、ぼくはこの家族にとっては居候にしか過ぎず、お荷物になっており、「ここにいてはいけないのだ」という思いが、ぼくの心に深く根付いていたからだったのだろう。しかし、この苦しみの日々は一ヵ月とは続かなかった。ぼくに対する疑いの目が、疑いに過ぎなかったことが証明される日が来た。

家出！

前回、味を占めた泥棒が、再びミモザに侵入したのである。ちょうど、巡回中だったのか、張り込み中だったのか、いずれにしても、憐れな泥棒は家宅侵入・窃盗の現行犯で逮捕され、同時に前回の事件をも自白したのである。明け方四時頃のことだった。警察の人に起こされて、眠い目をこすりながら、家族が店に出ていくと、犯人が連行されるところだったが、家族は皆、一様に「やっぱり違ってたんや」という安堵とも謝罪ともつかない目をぼくに向けているのが分かった。これでぼくへの疑いは晴れた。無実が証明された。そう思うと急に疲れが出たのか、一瞬、目眩がぼくを襲った。店の椅子に座り込んで事なきを得たが、これで、ヤット、この約ひと月の間、考え、思い続けてきたことが決行されても良くなったのだ、という嬉しさがぼくを元気づけた。

家出だ！

事件解決の朝、家族みんなはもう一眠りして、今日の仕事に備えた。開店して、人が混み出したころを見計らって、家出は決行された。今日からは、一人で生きて行くのだ。何の当てもない無謀な家出だったが、伯父の家の居候であり、お荷物であることから、自分を解放してやれることが、ぼくの心を晴れやかにした。

三　浮浪児生活

家出はしたものの行く当てもなく、ふらっと大阪駅に来てみると、何とたくさんの浮浪児がいることを知って、驚いた。ぼくが家出を決行するのに手間取っている間に、すでに、勇敢な子どもたちは、もうとっくに、新天新地を求めて生きていたのだ。新入りが来たと分かるとすぐに、数人の先輩たちがぼくを仲間として歓迎してくれた。彼らの直感は、鋭く、的確であった。そして、この直感の鋭さ、的確さが浮浪児生活のカギであることを教えられた。また先輩格の浮浪児には仁義を尽くす必要のあることも教えられた。浮浪児の世界にも、弱い者が互いに助け合い、労わり合って生きて行くための仁義というものがあるのだ。お互いに氏素性を問うこと、明かすこともしないという暗黙の了解もあった。そんなことは彼らの関心の中にはなかったのである。普通なら、「名前は？」とまず聞かれるが、そうはしないのである。だが、浮浪児共通の関心ごとは、どうしてぼくが浮浪児に辿り着いたのか、というところにあった。多くの浮浪児に共通していたのは、自分の居場所がないと感じた者や「出ていけ」と追い出された者、陰湿な仕方で虐め出された者がほとんどだったことである。要するに役立たずであり、邪魔者扱いにされた人間の末路、行き着く場が浮浪児だったのである。しかし、露骨にあるいは陰湿ないじめに合いながらも、それを耐えて生きている浮浪児志願者、候補者がぼくの経験から推し計ってみても、相当な数に上るに違いないと思われるのだった。

広い大阪駅を我が物顔で

当面、ぼくにとっては食べ物の事や今晩の寝床をどうするのか、が問題だった。このとてつもなく広い大阪駅を、我が物顔で闊歩できることは爽快ではあったが、駅の表口は「ミモザ」に近いので、ウッカリすると見つかる危険があった。だから、できるだけ裏口に近いところに、自分の居場所を確保することが肝要だった。この直感が浮浪児生活を成功させるカギとなった。大阪駅は、とてつもない大きさであっただけではなく、その混雑ぶりは終日続いたので、滅多なことでは知り合いと顔を合わせることはなかったのだが、念には念を入れる必要があった。万が一、見つかって連れ戻されるようなことになれば、お互いにその気まずさは、ぼくだけではなく、家族全員を「針のむしろ」に座らせることになっただろう。

長距離切符の列に並ぶ

戦時中からそうだったのだが、当時、長距離列車の切符の発売は、その列車の発車時刻の一日前から駅の構内に看板が立てられ、青森行、東京行、鹿児島行などと表示された看板の後ろに一列に並んで、発売を待たなければならなかったし、買うことができる切符は「一人一枚」と制限されていた。

中央改札口前の広場には、今夜から、明日の朝に発売される切符を買うために長蛇の列ができていた。その行列の中をぼくより二つ、三つ年上の子どもが新聞を売り歩いていた。なるほど！　こういう仕事があるのだ。後で知ったのだが、元締めがいて、新聞を預かり、売り上げの手間賃を受け取るのであった。新聞を買いに行列を離れることができない人々には喜ばれ、かなりの部数が売れていた。行列の合い間で、その様子を見ているとき、ひとりの小父さんが「ボンは今夜家に帰れへんのんか？」と声をかけてきた。「お前は浮浪児か」といわれるかと思ったのに、「家に帰れへんのか」といわれた言葉に思いやりと優しさを感じ取ることができた。意表を突かれて、声が出なかったぼくが、頷くと、「小父さんの代わりにここに並んどいてくれへんか？」そういって、ぼくの手に新聞紙に包まれた物を手渡した。この小父さんは看板の先頭から、一五番目に席を取っていたので、すでに早くから、かなり長い時間並んでいたと思われた。しかも、小父さんが並んでいた行列は青森行きの切符を買おうとする人の行列で、発売時刻は明日の朝七時半の予定だった。まだそんなに年寄りではなかったが、日がな行列に並び、さらに翌朝まで並ばなければならないことは辛そうだった。ぼくが代って座ってあげれば、たとえ、煎餅布団でも、今夜は布団にくるまって、安心して眠れるだろう。コンクリートの床の上に新聞紙を敷いて座ったり、横になったり、そうしなければ一枚の切符を手に入れることができないとは実に気の毒なことだ。ぼくはもちろん、断る理由などあるはずはなかったので、引き受けることにした。小父さんがぼくの手に「手付け」としてくれたものは、自分の今夜の食事として持ってきた包みで、おにぎりが二つと沢庵が三きれ、新聞紙に包まれていた。他に何もすることがないぼくは、こうして浮浪児生活最初の夜の居場所と食事を与えられて、無謀と思われた家出の初日を、順調な滑り出しとすることができたのであった。当りを見回してみると、確かに、ぼくと同じように、身代わりとして並んでいる仲間が相当いることが観て取れた。実にうまくできたものだ。「買うことができる切符は一人一枚」なので、家族三人が田舎へ帰ろうとすれば、三人が列に並ばなければならないし、そのために仕事も休まなければならない。ぼくたちのような者が、そのために役立つのだから、お互いに助け合い、持ちつ持たれつなのだ。翌朝、切符の発売時刻三〇分前に、小父さんがぼくのところに来て「ボン、助かったよ。おおきに」と礼をいわれ、また昨日と同じ新聞紙に包まれたおにぎりと小銭を礼金としてくれたのである。おかゆか雑炊が食べられればよかった時に、昨晩に続いて、次の朝も握り飯にありつけることは、周囲の者に羨ましがられることだった。

これは間違いなく仕事になる！　飯のタネになる！　犬や猫では代役を務めることはできないが、子どもでも、浮浪児でも、一人前の人間としての役割を果たせることが嬉しかった。この一件で味を占めたぼくは、進んで「代りましょうか」と声をかけ、できるだけ新しく看板が立てられ、すぐ、そこに並んだ人のところに行って、これから丸一日並ばなければならない人に声をかけることで、成功する確率を上げることができる「コツ」を心得るようになった。必ずしも、食べ物が付かないこともあったが、礼金は間違いなくもらうことができたし、そのうえ、ぼくも人の役に立ち、仕事をしたのだ、という満足感を同時に味わうことができた。

冬　命に係わる季節

着の身、着のままで家出したぼくは、ひと月近くもすると洗濯するか、着替える必要があった。駅裏のバラック街に行ってみると、ララ物資（日本の敗戦後、日本人の困窮を救済するために、アメリカから贈られた脱脂粉乳や衣類）と呼ばれる物とか、進駐軍の払い下げや横流しされた物資を売る店屋があることを知り、汚れて取り替えなければならない着替えを手に入れることもできた。新聞売りの元締めをしている男が、ドラム缶を使って湯を沸かし、小銭（多分二銭だったと思う）程度で露店風呂を営業しており、結構繁盛していた。なかなかのアイデア・マンだ。ぼくも何度か、この風呂を利用したが、いわゆる五右衛門風呂からヒントを得たものだった。

浮浪児生活も、ひと月が経ち、ふた月が過ぎようとする頃、寒さが身に応える季節となって、この冬をどう過ごし、乗り切るかが、ぼくたちには大きな問題となってきた。戦後初めての冬！　食べたり、食べなかったりで、不健康な生活をしているため、皆、栄養不良か栄養失調であり、特に、子どもや年寄りには身に応え、命に係わる季節が始まろうとしていた。

四　「浮浪児狩り」

このまま本格的な冬になれば、多くの浮浪児たちは、飢えと寒さのために命の危険に曝されることをおもんばかって、進駐軍司令部と大阪府、警察署が連携して、「浮浪児狩り」が行われることになった。進駐軍兵士と大阪府の職員、警察官が、大勢動員されて、大阪駅の主要な出入り口は閉鎖され、駅の中心部に向けて、じわじわと包囲網を狭めて行き、逃げようとする者は捕まえられ、包囲網の中に残った者も捕まえられて、幌付きの軍用トラックに放り込まれて、一巻の終わりとなるのであった。

ぼくは後で、小学校に行くようになってから、その小学校が冬の耐寒訓練の一つとして、学校からほど遠くない小さな山で、ウサギ狩りを年中行事の一つとして行うとき、そのたびごとに、浮浪児狩りの光景を頭に甦らせたものである。その日は教師と全校生徒が、村人の協力を得て、山の裾野を取り巻き、手に手に棒切れを持って、下草を叩き、「ホーイ、ホーイ」と掛け声をかけながら、ウサギを山の頂に張られた網に向けて追い上げるのだった。ウサギの中にも賢く、スバシコイのがいて、包囲網の弱い所をめがけて逆襲し、そこを突破して、逃げ去るウサギもかなりいた。そのたびごとに「キャア」という叫び声が聞こえるので、「またやられた」とすぐに分かったものである。それでも頂上の網には三匹とか、ときには五匹がかかることもあって、翌日の給食で「ウサギ汁」が供された。

このウサギ狩りは浮浪児狩りとそっくりで、捕まえられる者は恐怖でも、捕まえる方、追う方は沢山の獲物があれば、楽しかったのだろう。浮浪児狩りで捕まえられると外国に売り飛ばされて、奴隷にされるのだというデマが囁かれていたので、それはぼくたちの恐怖になった。だから賢いウサギのように、この包囲網を突破する方法を考える必要があった。最も確実な方法は慌てて逃げだすのではなく、例の切符を買うための行列の中に踏み止まることであった。実際、何枚もの切符を必要とする家族は子ども連れで並んでいる者も少なくなかった。代わりに並ぶことを引き受けて、行列の中に座っているときは、仕事をしているのだから、捕まえられる筋合いはなかったのである。隣に座っている小父さんや小母さんを自分の親のような顔をしておれば、服装が少し不似合に見えても、見逃さざるを得なかっただろう。

偽名を使う

こうして、ぼくは何度かの浮浪児狩りを逃れることができたが、仕事にあぶれた日の浮浪児狩りで、行列の中にかくまってもらえばよかったのに、慌てて便所の中に逃げ込んだために、見つかって、御用となってしまった。ぼくは首根っこを連合軍兵士の太い大きな手で捕まえられて、身動きが取れずに幌付の軍用トラックにほうり上げられた。そのトラックはぼくのような小さな子どもには自分で乗り降りすることはできそうにないほど、背が高く大きな車だった。捕まえられた浮浪者は、大人と子どもが別々のトラックに乗せられ、行く先も違っていたと思う。ぼくたち子どもは、大阪駅のすぐ筋向いにある曽根崎警察署に連れて行かれた。この警察署からは「ミモザ」の事件のとき、刑事と数人の警察官が現場検証や事情聴取のために来ていたので、顔を覚えられていたらどうしようかと心配したが、警察署に着いてからは警官がかかわることはなかったので、ホッとした。

警察署の裏庭には沢山のテントが張られていて、テントの中には机と椅子が据えられていた。車から摘み降ろされたぼくは、一つの机の前に連れて行かれ、顔写真をまず撮られた。そして浮浪児の間では御法度となっていた名前と生年月日を尋ねられた。咄嗟に、本名を名乗ると、すぐに身元がバレル！　と直感したぼくは、偽名を使った。「山下義夫です」。係員は浮浪児生活は大変やったネエ、などと話して、また繰り返して名前を尋ねた。それで、ぼくは偽名を使っていると疑われていることをまた直感した。また少し他の話をした後で、どんな字か、書けますかと来た。

やっぱり！　義治の義の字以外は小学校に上がる年の子どもなら、知っており、また、書くことが出来る易しい字の名前を偽名としておいたことは正解であった。これでぼくの名前は確定された。生年月日も一度はでたらめを言ったのだが、これは繰り返し聞かれると、でたらめがすぐにバレテしまうので、偽ることはできなかった。これでぼくの調書が顔写真付きで作成され、最早逃げも隠れもできなくなってしまったのであった。

ＤＤＴで全身が真っ白に

次にぼくが回されたテントには、大きな噴霧器を持った係員が待っていて、頭といわず、背中といわず、体中にＤＤＴを噴霧したので、全身が真っ白になってしまった。まるでから揚げにする具材がメリケン粉（当時、小麦粉をそう呼んでいた）にまぶされたようになってしまった。

ＤＤＴは人体に有害だというので、今はもう使われなくなってしまっているが、当時は一番有効な殺虫剤で、ほとんど浮浪児の全員が着ている物は、ノミとシラミの巣のようなものであり、その駆除のためにＤＤＴの全身噴霧が行われるのだった。特に小さな子どもはノミやシラミだけではなく、腹の中には回虫や十二指腸虫、サナダムシといった寄生虫を生息させていて、体の外ではノミやシラミに血を吸い取られ、中では寄生虫によってわずかに摂取することができた栄養分を吸い取られ、衰弱して、命を落とす者もいた。駅の待合室の隅っこで動けなくなっていた子の尻から回虫が何匹も頭を出して、動いているという悲惨な姿を見たこともあった。

ＤＤＴの散布が終わると、待合室か会議室のような所に連れて行かれた。そこには、二〇人ほどの大人が待機していて、係員が「大阪水上隣保館さん」と呼ぶと、若い女性が出て来て、「お宅は山下義夫君をお願いします」という係員の言葉とともに、先ほど作成された、ぼくの調書のコピーが手渡された。このときの係員が「大阪水上隣保館さん。山下義夫君をお願いします」といった、その一言が、ぼくの人生の岐路になった。このとき、テントには二〇人ほどの引き取り人が来ていたのだから、他の施設に引き取られていたならば、ぼくは全く違った人生を歩むことになったたろう。養護施設・大阪水上隣保館から、ぼくを引き取るために来ていた、その人は「帰って、お風呂に入って、さっぱりしましょうね」と話して、ぼくを阪急梅田駅に連れて行き、中津で電車を降りた。

五　大阪水上隣保館

中津の駅から淀川の堤防に向かってしばらく行くと、広い河川敷に出た。阪急電車の鉄橋と淀川を横切る太い水道管の間に、バラック建ての小さな建物があった。屋根が低く、大人は腰をかがめなければ入れなかった。ここがぼくを引き取りに来た養護施設・大阪水上隣保館であった。バラックの周りには良く手入れされた畑があって、サツマイモやカボチャがもうすぐ収穫の時を迎えようとしていた。ぼくを引き取りに来ていた女性はこの養護施設の保母さんで、大阪水上隣保館には館長先生とママ先生がおられて、ぼくのお父さん、お母さん代わりになって下さるのだと教えた。また、施設の職員は先生と呼ぶのだと教えた。

この施設には、ぼくを含めて六人の子どもがいるだけだったが、先生は三人いて、日常生活の世話をし、食事や生活の面倒を見る傍ら、作業の時間といって、草取りや畑の手入れ、飼われている二頭のヤギの世話を子どもたちと一緒にしているのだった。この日は半日何も胃袋に入れていなかったので、空腹は限界に達していた。それに気づいた先生は「お風呂に入って、サッパリしたら夕食にしましょう」といって、ぼくを風呂場に連れて行き、風呂の入り方を教えてくれた。

その風呂は五右衛門風呂で、新聞の元締めをしていた男が、ドラム缶で湯を沸かして入ったことのある風呂と同じであった。ただ、ドラム缶より大きい鉄製の本式の五右衛門風呂で、小さなぼくが一人で入るには、底板を鎮めることができずに手間取った。先生は畑で作業していたもう一人の子を、一緒に風呂に入ってやれと呼んでくれたので、二人で底板を沈めることができ、背中を流し合って、兄弟の契りを結んだ。

ララ物資独特の匂い

ぼくが着ていた服は、ノミやシラミの巣だったし、先程ＤＤＴを噴霧されて粉だらけになっていたので、普通なら焼き捨てることが最善の処理方法だったのだろうが、間もなく寒い冬が来ようとしているし、何といっても、衣類は貴重品だったので、洗濯たらいに入れて、煮沸し、寄生虫を卵ごと死滅させて、再利用されることになった。この服はぼくが仕事をして稼いだ金で闇市から買い求めたもので、愛着があった。新しく着替えさせてもらった服はララ物資独特の匂いがした。きれいに洗濯されていて、気持ちが良かった。

先生の思いやりと、計らいで早めの夕食が用意された。他の子どもたちにとっても、早い夕食に異存はなかった。施設で食べた最初の食事は、河川敷の畑で収穫されたナンバ（トウモロコシ）の粉をせいろで蒸かして、蒸しパンにしたもので、ぼくは初めて口にするものだった。サッカリンという甘味料で少し甘みが加えられていた。まだ小麦粉も砂糖も手に入れることは困難で、闇市では高い値段で売られている物だし、それを買うことは、浮浪児や施設には手の届かないものだった。それとヤギの乳が夕食の献立で、先輩たちはうまそうに飲んでいたが、ぼくには少し癖があって、飲みにくかった。しかし、贅沢はいっておれない。ヤギの乳は当時「不治の病」といわれた結核患者に特別な栄養源として、珍重された栄養価の極めて高い乳だった。自分たちで世話し、可愛がっているヤギから絞った乳は、子どもも職員も喜んで飲んだ。乳を飲むのは何年ぶりの事だったろう。

河川敷でヤギを飼う

河川敷でヤギを飼うことは館長先生のアイディアなのだそうだ。河川敷にはヤギが好んで食べる草がふんだんにあった。杭に括り付けたロープにヤギを繋いでおくと、口が届く範囲の草をきれいに食べて、除草してくれるし、それだけで高価な乳を出してくれ、子どもたちの栄養源になるのだから、実に名案であった。問題は河川敷の草が枯れてしまう冬場の事であったが、トウモロコシの茎や葉、サツマイモの蔓を日干しにして蓄え、冬の間の餌にすることで、冬場も乳を搾ることができた。

後で知ったことだが、大阪水上隣保館は最初、大阪の築港で艀船（はしけぶね）を生活の場としている水上生活者の子どもたちが落ち着いて暮らし、学校へも行ける施設として、僕の生まれる八年も前から、その仕事を始めていたのであった。大阪水上隣保館の施設名の由来がここにあった。子供の養護だけではなく、産院や眼科治療院を併設するなど手広く、弱者の救済に当たっていたが、一九三四年の室戸台風で一階は水浸しになり、三階は吹き飛ばされてしまう被害に遭った。その後、港区天保町に三階建て二棟を新築したが、一九四五年六月一日の大阪大空襲で、これをすべて焼失したため、当時養護されていた児童八三名と職員一四名はそれぞれ分散疎開しなければならなかった。事前に危険が察知され、全員が分散疎開を済ませていたので、全施設を焼失するという甚大な被害を受けたが、尊い人命は失われずに済んだ。中津の河川敷はその疎開先の一つで、ぼくはここにひと月余りいて、もう一つの疎開先である島本町東大寺に移り住むことになった。

おわりに

水上隣保館に入所した荒川義治さんは、その後苦学して農業高校から同志社大学神学部に学び、牧師となる。赴任先は日本各地だけではなく、南洋諸島（ポナペ）にも及んだ。「はじめに」で紹介した『強情な子』には、荒川牧師の波乱の人生が綴られている。『強情な子』終章の文末、荒川さんはこう書いている。

八年前に、一度（高齢になり牧師を）引退した時に、勧める人があって書き始めた自分史だったが、「再出馬」（要請され牧師に復帰）したために中断していた。この度、再度引退することになって、眼が見えなくなる前に、書き終える必要に迫られ、これも「末期への備え」であることを自覚して、パソコンに向かい、今書き終えることが出来た。これで「末期への備え」は大方出来たし、「そろそろここらでよかろうかい」。

六歳で潰えたかも知れない、小さな命が、今日まで育てられ、守られたのは、「あなたの神、主は、あなたと共に歩まれる。あなたを見放すことも、見捨てられることもない。」（旧約聖書）と語り掛けられた神の約束の真実に、一貫して支えられていたことを読み取って頂ければ幸いです。

（二〇一八年十二月脱稿）

このように荒川さんの生き方のバックボーンにあるのは信仰（キリスト教）への強い思いである。妻を連れての二〇回にも及ぶ引っ越しの末にたどり着いたのが、鳥取県内のケアハウスだった。

路頭に迷っていた戦争孤児たちに寝食の場を提供した孤児院……。とりわけ冬の寒さをしのぎ命をながらえるため、孤児院はなくてはならない存在だった。孤児院建設に果たした宗教者の役割はかぎりなく大きいが、そのあたりの研究はまだ緒に就いたばかりである。

筆者がお会いした荒川義治さんは、温厚な中にも厳格さをもった方だった。丁寧に人生を紡いできた風雪が感じられた。「反戦・平和への道のりは差別をなくすこと」と教えられたと語ってくれた。貴重な戦争孤児体験を本書に寄せていただいた荒川義治さんに、あらためて感謝したい。

参考文献

荒川義治『強情な子―戦争孤児の自分史―』愛光会、二〇一九年、非売品
産経新聞社編『あの戦争―太平洋戦争全記録―』ホーム社、二〇〇一年

執筆者紹介（生年／現職）―執筆順

本庄　豊（ほんじょう　ゆたか）→別掲

佐々木正祥（ささき　まさよし）一九五三年／真宗佛光寺派大善院住職

佐々木美也子（ささき　みやこ）一九五五年／真宗佛光寺派大善院坊守

玉村公二彦（たまむら　くにひこ）一九五六年／京都女子大学発達教育学部教授

赤塚康雄（あかつか　やすお）一九三五年／元天理大学人間学部教授

矢野　宏（やの　ひろし）一九五九年／新聞うずみ火代表

白井勝彦（しらい　かつひこ）一九四四年／神戸の戦争孤児の記録を残す会代表

水野喜代志（みずの　きよし）一九五三年／なかま共同作業所施設長

島本幸昭（しまもと　よしあき）一九三六年／元大阪市立中学校教諭

平井美津子（ひらい　みつこ）→別掲

川満　彰（かわみつ　あきら）一九六〇年／名護市教育委員会文化課市史編さん係

荒川義治（あらかわ　よしはる）一九三八年／元日本キリスト教団八頭教会牧師

編者略歴

平井美津子

一九六〇年　大阪府に生まれる

一九八三年　立命館大学文学部史学科卒業

現在、大阪大学・立命館大学非常勤講師

〔主要著書〕

『「慰安婦」問題を子どもにどう教えるか』（高文研、二〇一七年）

『教育勅語と道徳教育―なぜ今なのか―』（日本機関紙出版センター、二〇一七年）

本庄　豊

一九五四年　群馬県に生まれる

一九七七年　東京都立大学経済学部卒業

国家公務員、地方公務員、公立・私立中学校教員などを経て

現在、立命館大学・京都橘大学非常勤講師

〔主要著書〕

『「明治一五〇年」に学んではいけないこと』（日本機関紙出版センター、二〇一八年）

『優生思想との決別―山本宣治と歴史に学ぶ―』（群青社、二〇一九年）

戦争孤児たちの戦後史2
西日本編

二〇二〇年（令和二）九月一日　第一刷発行
二〇二一年（令和三）九月一日　第二刷発行

編　者　平《ひら》井《い》美《み》津《つ》子《こ》
　　　　本《ほん》庄《じょう》　豊《ゆたか》

発行者　吉川道郎

発行所　株式会社　吉川弘文館
郵便番号一一三―〇〇三三
東京都文京区本郷七丁目二番八号
電話〇三―三八一三―九一五一〈代〉
振替口座〇〇一〇〇―五―二四四番
http://www.yoshikawa-k.co.jp/

印刷＝株式会社 東京印書館
製本＝株式会社 ブックアート
装幀＝黒瀬章夫

ISBN978-4-642-06858-1

浅井春夫・川満 彰・平井美津子・本庄 豊・水野喜代志編

戦争孤児たちの戦後史 全3巻

①総論編　浅井春夫・川満 彰編

②西日本編　平井美津子・本庄 豊編

③東日本・満洲編　浅井春夫・水野喜代志編

本体各2200円（税別）

吉川弘文館